ein Ullstein Buch

W0063919

Ullstein Buch Nr. 3426
im Verlag Ullstein GmbH,
Frankfurt/M – Berlin – Wien

Originalausgabe
mit 22 Abbildungen

Umschlagentwurf: Hansbernd Lindemann
unter Verwendung eines dpa-Fotos
Alle Rechte vorbehalten
© 1978 by Verlag Ullstein GmbH,
Frankfurt/M – Berlin – Wien
Printed in Germany 1978
Gesamtherstellung:
Ebner, Ulm
ISBN 3 548 03426 8

CIP-Kurztitelaufnahme
der Deutschen Bibliothek

Lohmeyer, Henno
Elvis-Presley-Report: e. Dokumentation
d. Lügen u. Legenden, Thesen u. Theorien.
– Orig.-Ausg. –
Frankfurt/M, Berlin, Wien: Ullstein 1978.
  ([Ullstein-Bücher] Ullstein-Buch;
  Nr. 3426)
  ISBN 3-548-03426-8

Henno Lohmeyer

Elvis-Presley-Report

Eine Dokumentation der Lügen und Legenden, Thesen und Theorien

ein Ullstein Buch

Inhalt

Noch ein Buch über Elvis Presley.

Warum?

Zuerst wollte ich nur, nach der Flut schnell zusammengeschusterter, schlampig recherchierter, oft von Orts-, Fach- und Personenkenntnis ungetrübter Veröffentlichungen in den Tagen und Wochen, die auf den 16. August 1977 folgten, den Tag, an dem in Memphis der erfolgreichste Entertainer dieses Jahrhunderts starb, eine Zusammenstellung gesicherter und geprüfter Fakten vornehmen. Das immense Interesse, die überwältigende Anteilnahme und die anhaltende Aufmerksamkeit, mit der jede Nachricht verfolgt wurde, schien mir eine solche Arbeit zu rechtfertigen, eine nüchterne, dokumentarische Auflistung und Klarstellung wichtiger Sachverhalte notwendig zu machen. Der Teufel, der eine Beurteilung des Phänomens Presley verhindert, liegt im Detail. Deshalb habe ich versucht, auch auf den ersten Blick nicht ins Gewicht fallende Nebensächlichkeiten zu registrieren; von der Überzeugung getragen, daß eine zutreffende Analyse dieser kontroversen Persönlichkeit, die »das Gesicht unseres Jahrhunderts verändert hat«, nur durch akribische »Spurensicherung« möglich ist.

Ich kenne natürlich aus Erfahrung die Not und Bedrängnis des Journalisten, unter Zeitdruck, weitab vom Ort des Geschehens, Ereignisse korrekt zu schildern, Zusammenhänge aufzuzeigen, Hintergründe zu erhellen und Stimmungen, Strömungen wiederzugeben. Wer aus der Hüfte schießen muß, kann nur auf Zufallstreffer hoffen.

Ich hatte mehr Zeit zur Verfügung. Und einige ebenso schicksalshafte wie zufällige Vorteile auf meiner Seite. Damit meine ich nicht das kurze Zusammentreffen mit dem Soldaten Presley im Hause einer gemeinsamen Bekannten, der Managerin Ada Tschechowa in München-Obermenzing 1958, sondern enge familiäre und freundschaftliche Beziehungen zu vielen Menschen in Presleys Heimatstadt. Meine Frau stammt aus Memphis, dort leben meine Schwiegereltern, dort habe ich geheiratet. Mein Sohn ist im Baptist Memorial Hospital geboren, in einem Zimmer, das nur wenige Meter von dem Raum entfernt liegt, in dem Presleys Tod festgestellt wurde. Seit Jahren habe ich viele Monate in dieser Stadt zugebracht und Ärzte, Journalisten, Künstler und Geschäftsleute als Freunde gewonnen, die über ihren berühmten Landsmann mehr wissen, als in Zeitungen zu lesen ist.

Das allein ist noch keine Garantie für ein besseres, exakteres Presley-Porträt, aber es hilft.

Nicht nur, wenn es darum geht, Material zu finden, das eine oder andere Informationsbruchstück richtig, schlüssig einzuordnen; es hilft vor allem, die Menschen und Mentalität, die gesellschaftlichen Regeln und Zusammenhänge in diesem Teil der Vereinigten Staaten besser zu verstehen; ohne dieses Verständnis, ohne diese Kenntnis wäre es fast unmöglich, sich im Wirrwarr der Nachrichten, Theorien und Thesen, Lügen und Legenden um Leben und Tod des Elvis Presley zurechtzufinden.

Simpler journalistischer Ehrgeiz, von persönlichen Gefühlen flankiert, zusammen mit dem Wunsch, den vielen Verehrern des »Königs des Rock 'n 'Roll« eine den Tatsachen nahekommende Schilderung der Todesnacht und der Umstände, die zum Tode führten, zu liefern, waren die ursprünglichen Triebfedern.

Aber je mehr ich den Ablauf der letzten Stunden im Leben Presleys zu rekonstruieren begann, je mehr ich ärztliche Bulletins und Befunde, die Winkel- und Schachzüge der Beteiligten, ihre Interviews studierte und selbst interviewte, desto mehr wuchs mein Verdacht, daß es einflußreiche Kräfte gibt, die gar kein Interesse daran haben, die Wahrheit bekanntzumachen.

Um die Legende nicht zu zerstören, werden neue Legenden oder mächtige Lügenkonstruktionen aufgebaut. Hinter der Auseinandersetzung um Obduktionsbefund, Drogendosierungen und medizinische Kompetenzen wird eine Verschwörung sichtbar. Die Motive für das Komplott sind: Selbstschutz, persönliche Existenzängste, provinzielles Bemühen, auf keinen Fall Memphis, seinen Ehrenbürger und seine Haupttouristenattraktion zum Mittelpunkt skandalöser Enthüllungen machen zu lassen und, nicht zuletzt, handfeste kommerzielle Interessen.

Alle Mittel werden eingesetzt, um Tatsachen zu verschleiern, so schnell und gründlich wie möglich Gras über die ungereimten Angelegenheiten wachsen zu lassen. Die Furcht, ins Gerede zu kommen, aber auch ehrliche Achtung und Verehrung für Elvis Presley, den »netten Jungen von nebenan«, oder die Überzeugung, daß nicht sein kann, was nicht sein darf, errichten eine Mauer des Schweigens, die kaum durchlässig ist. Die Memphis-Mafia ist nicht mit ihrem Boss gestorben.

Diese Situation sichtbar zu machen, den Umfang des Presley-›Watergate‹ abzustecken, ist ein zweiter Grund für diesen Report. Ein abschließendes Urteil, eine lückenlose Aufdeckung ist zur Stunde nicht möglich. Aber vielleicht gelingt es, die öffentliche Diskussion in Gang zu halten. Die Wahrheit, warum und durch wessen Schuld Elvis Presley im Alter von 42 Jahren starb – auch wenn es seine eigene war –, muß ans Licht. Und zwar nicht erst im Jahre 2027, wenn der offizielle Totenschein laut Gesetz veröffentlicht wird.

Die ungeklärteTodesursache kennzeichnet jedoch nur das traurige Ende der Tragödie Elvis Presley. Seine ehrliche Lebensgeschichte, nicht die frisierten Fabeln und retuschierten Publicity-Romane, ist nicht nur für Rock'n'Roll-Fans von Interesse. Der Aufstieg des Sohnes armer, traditionell-religiöser, einfacher Eltern, die mit ihrem einzigen Kind aus dem Mississippi-Nest Tupelo vor der unerträglichen Misere des Alltags flüchten, um in der Großstadt Memphis eine genauso aussichtslose Existenz am Rande der Gesellschaft zu führen, zum Millionen scheffelnden, neue unfaßbare Maßstäbe und Rekorde aufstellenden, von Generationen umschwärmten Idol, aber mehr noch seine schrittweise, aber unaufhaltsame Demontage, die Vernichtung dieser Persönlichkeit, ist ein erregendes Dokument der Kultur- und Gesellschaftsgeschichte des 20. Jahrhunderts.

Ich habe mich bemüht, einige Entwicklungen, Erklärungen und Zustandsbeschreibungen zu zitieren und dem Leser Informationen zu liefern, die ihm eine eigene Beurteilung ermöglichen sollen. Auf eine breite Biographie, eine erneute Aufzählung, wann, wo und mit wem Presley welchen Plattentitel aufgenommen hat, wurde verzichtet. Es wäre ohnehin nicht viel mehr herausgekommen als bei den meisten Presley-Büchern, die nach Jerry Hopkins' Buch *Elvis – A Biography* verfaßt wurden. Von ihm haben fast alle Autoren mehr oder weniger skrupellos profitiert.

Elvis-Experten werden auch in diesem Report Bekanntes finden, aber, davon bin ich überzeugt, außerdem viel bislang Verborgenes, Verschwiegenes.

In einer Zeit, in der eine neue, drängende Generation von ihren Eltern wissen will, warum sie Männern folgen konnten, die sie geradewegs ins Verderben führten, wie es möglich war, daß sie Verbrechern und Demagogen zujubelten, warum sie die Wahrheit nicht erkennen konnten oder wollten – in dieser Zeit scheint es mir wichtig und notwendig, eben diesen jungen Menschen vor Augen zu führen, wie leicht und leichtfertig sie selbst der Gefahr erliegen, »Führern« zu folgen, Idole anzubeten und unreflektiert zu verehren, die nicht verehrungswürdig sind. Die auf der Hand liegenden unterschiedlichen Dimensionen, die nicht vergleichbaren Auswirkungen sind dabei zunächst sekundär.

Zu Presleys Grab pilgern täglich Tausende: Familienväter mit ihren Kindern, Mütter und Mädchen, junge Frauen und Männer, um einem Mann zu huldigen, der die Moral, die religiösen Grundsätze, die Gesetze, nach denen sie selbst leben und die sie an ihre Kinder, Partner und Nachbarn weitergeben, zynisch mißachtet hat.

Wenn dieses Buch ein wenig dazu beitragen kann, vor gedankenloser, kritikloser Verherrlichung, Seligsprechung und Anhimmelung zu warnen, dann ist ein weiterer Grund, es zu schreiben, erfüllt.

Henno Lohmeyer
Berlin, im Januar 1978

15. August 1977, Montagabend. In *Graceland Mansion*, dem ständigen Wohnsitz des Sängers Elvis Presley in Memphis-Whitehaven, 3764 Elvis Presley Boulevard, ärgert sich der Hausherr, als ihm ein Angestellter mitteilt, daß die von ihm gewünschte Privatvorführung des Films »MacArthur« im Ridgeway-Theater nicht stattfinden kann, weil kein Vorführer aufzutreiben ist, der nach Mitternacht noch arbeiten will.

Am übernächsten Tag soll in Portland eine dreizehntägige Konzerttournee kreuz und quer durch die Vereinigten Staaten beginnen, und Presley sucht Abwechslung, sucht ein Mittel gegen seine Nervosität, gegen die quälende Spannung, die ihn regelmäßig vor solchen Ereignissen befällt. Ein normaler Kinobesuch ist unmöglich, das Sicherheitsrisiko ist zu groß, sagen Manager und Leibwächter. Seit mehr als zwanzig Jahren ist es Presley, der in öffentlichen Veranstaltungen Millionen begeistert hat, verwehrt, selbst zur Zerstreuung ins Theater oder Konzert zu gehen. So bleibt ihm nur die Möglichkeit, Kinos oder Hallen zu pachten und sie im Schutz der Dunkelheit, sein meist sehr zahlreiches Gefolge im Schlepptau, heimlich aufzusuchen.

In den sechs Wochen, die Elvis Presley seit Beendigung der letzten Tournee jetzt in Memphis verbrachte, hat er das Haus nur selten verlassen. Vor ein paar Tagen hat er den Vergnügungspark Libertyland von Mitternacht bis Sonnenaufgang für sich und seine neunjährige Tochter Lisa Marie gemietet. Millionen bunter Glühbirnen brannten, die Karussells drehten sich, Musikautomaten und Spielorgeln plärrten, in allen Buden brutzelten Würstchen und Hamburger, knallte frischgeröstetes Popcorn, ein paar Dutzend Scooter-Autos standen bereit – für einen mächtig aufgedrehten Vater, seine entzückte Tochter und eine Handvoll Musiker und Leibwächter, die Amüsement heuchelten.

Am vergangenen Mittwoch hatten Elvis und sein Clan spät nachts im *UA Southbrook 4* den Bond-Thriller »Der Spion, der mich liebte« genossen. Abgesehen davon und von einem Besuch bei der Mutter seiner Freundin Ginger Alden war nicht viel passiert. Im Haus der Aldens hat Presley zum letztenmal in seinem Leben gesungen: ein paar Kirchenlieder, darunter *How Great Thou Art*, ein Lieblingslied seiner Mutter.

Allein mit Ginger, einer in und um Memphis bekannten Schönheitskönigin, hat Presley eine neue Idee. Er greift zum Telefon und wählt die Privatnummer seines Zahnarztes Dr. Lester Hofman. Der Arzt, der Presley und seine Familie seit vielen Jahren behandelt, ist zu Hause. Elvis entschuldigt sich für den späten Anruf (es ist 21.45 Uhr) und fragt, ob er mit Ginger später noch in die Praxis kommen kann. Dr. Hofman zögert nicht eine Sekunde, er schlägt 22.30 Uhr vor. Kurz darauf verläßt Elvis Presley in schwarzer legerer Hose und einem passenden weiten Hemd mit Girlfriend Ginger, seinem Cousin Billy Smith und Charlie Hodge, Gitarrist seiner Tournee-Band und seit ewiger Zeit Mitglied der »Memphis-Mafia« in einer Luxuslimousine vom Typ Stutz Backhawk *Graceland Mansion*. Vor dem Hauptportal zum Elivs Presley Boulevard hängt wie üblich eine Touristentraube; hauptsächlich Frauen. Elvis winkt galant.

Er ist guter Laune. In der Praxis Dr. Hofmans, 920 Estate Drive, albert er ein wenig herum, stellt Ginger vor: »Ist sie nicht ein häßliches Kind?«, und genießt das Kompliment des Zahnarztes: »Ich freue mich immer wieder, wie gut Sie auf Ihre Zähne achten.« Dr. Hofman entfernt winzige Kalkablagerungen und füllt oben links und oben rechts zwei Backenzähne. Gingers Zähne werden geröntgt, ein paar Schäden festgestellt; ein späterer Termin wird für sie vereinbart. Auch für Presley, er muß sich eine Krone machen lassen.

Elvis erkundigt sich nach Dr. Hofmans Frau Sterling, interessiert sich für familiären Kleinkram. Entgegen den üblichen amerikanischen Umgangsformen, besonders im Süden der Staaten, nennt Elvis den Arzt nicht beim Vornamen. »Was soll der blödsinnige Dr. Hofman-Quatsch?« wollte der Zahnarzt schon mehrfach wissen, aber Elvis hatte immer abgeblockt: »Sie sind zur Schule gegangen, haben was Gescheites gelernt und ein Recht auf Respekt.« Und dabei blieb es während all der Jahre, in denen sich zwischen den Männern ein herzliches, kameradschaftliches Verhältnis entwickelte. Dr. Lester Hofman gehört zu den Freunden – und Fremden –, die von Elvis Presley einen Cadillac zum Geschenk erhalten haben.

»Dr. Hofman, Sie müssen unbedingt mein neues Auto sehen. Ich habe einen Ferrari, ein unglaubliches Ding.«

»Elvis, Sie haben doch nicht etwa den Stutz verkauft, oder?«

»Nein, aber den Ferrari werden Sie mögen. Kommen Sie mit hinaus, und schauen Sie sich ihn an.«

Noch ein bißchen Small-talk, dann brechen Elvis und seine drei Begleiter auf. Zum Abschied sagt Dr. Hofman: »Elvis, ich würde gern mitkommen, wenn Sie wieder mal in Kalifornien auftreten. Das wäre eine hübsche Überraschung für meine Tochter dort, wenn ich plötzlich vor der Tür stünde.«

»Gemacht«, antwortet Elvis, »es ist immer Platz für Sie im Flugzeug. Das wissen Sie.«

Es ist gegen 1.30 Uhr am Dienstagmorgen, als die späten Gäste Dr. Hofmans Praxis verlassen.

Zu Hause führt Presley, hellwach und agil, eine Reihe von Gesprächen mit Mitarbeitern. Die bevorstehende Tournee beschäftigt ihn. Er ruft Dick Grob und gibt ihm eine Liste mit einem halben Dutzend Musiktiteln, die er ins Repertoire aufnehmen will. Dick soll Texte und Noten beschaffen. Bevor Grob verschwindet, hält ihn Presley eine Sekunde fest: »Dick, wir werden's allen zeigen. Dies wird die beste Tournee, die ich je gemacht habe.« Dick Grob freut sich, daß der Boss offensichtlich Auftrieb hat. Er wirkt unternehmungslustiger, energischer als in den letzten Wochen.

4.00 Uhr. Presley schlüpft leise in das Zimmer seiner Tochter. Sie schläft. Er steht eine Weile still neben ihrem Bett, haucht einen Kuß auf ihre Stirn und verläßt auf Zehenspitzen den Raum. Er sucht mit Ginger, die er *Gingerbread* nennt, seine Privaträume im Obergeschoß auf. Doch kurz darauf erscheint er wieder, in gestreifter Turnhose und Sporthemd, und fordert Billy Smith und dessen Frau Jo auf, mit ihm und Ginger eine Runde Raquetball zu spielen.

Die vier gehen in die kleine, aber exquisit ausgestattete Turnhalle, die gleich hinter dem Haupthaus liegt. Sie enthält eine Sauna mit allen Schikanen, ein Strudelwasserbecken und eine raffinierte Musikanlage. Die beiden Paare spielen schnell und scharf. Es geht nicht um Punkte, Sieger und Besiegte, sondern darum, Elvis Presley die Möglichkeit zu geben zu glänzen, sich auszutoben, zu entspannen. Während die anderen nach einer Weile ausruhen, spielt Presley allein weiter, zeigt sein ganzes Repertoire an Tricks und Schlägen. Er freut sich wie ein Kind über jede gelungene Aktion. Dann verliert auch er die Lust, wünscht Bill und Jo eine gute Nacht und zieht sich mit Ginger wieder in seine Privatsuite zurück.

Es ist sechs Uhr.

Um halb neun klopft Elvis' Tante Delta Mae Biggs an die Tür. Sie reicht ihm die Morgenzeitung und ein Glas Wasser. Später erinnert sie sich: »Er war lustig, *happy*.«

Gegen 9.00 Uhr, er trägt jetzt einen blauen Schlafanzug, geht Presley ins Badezimmer, das an sein Schlafzimmer grenzt. Er hat ein Buch unter dem Arm, eine Abhandlung über die Entdeckung des Leichnams Christi. Ginger schaltet das Fernsehgerät ein, streckt sich auf dem Bett aus und ist Minuten später tief eingeschlafen.

16. August, Dienstag, früher Nachmittag. In der Klinik des Dr. Perry Holmes läutet das Telefon. Das Mädchen in der Vermittlung kann den Anrufer kaum verstehen. Seine Stimme ist erregt, gehetzt: »Hier ist Al Strada von *Graceland Mansion*, Elvis Presleys Haus. Ich muß sofort Dr. Holmes sprechen. Machen Sie schnell, los!«

Die Telefonistin erinnert sich: Strada ist einer der engsten Mitarbeiter Presleys. Der Star war mehrfach bei Dr. Holmes in Behandlung. Wegen Kleinigkeiten, die aber trotzdem nicht in den offiziellen Behandlungsberichten auftauchen, um die Privatsphäre des Patienten abzuschirmen. Der letzte Besuch liegt fast zwei Jahre zurück. Damals hatte sich Presley beim Karate die Hand verletzt.

»Was ist? Wo bleibt Dr. Holmes?« drängt der Anrufer.

»Er ist nicht da, nicht in der Klinik.«

Al Strada hängt ohne ein weiteres Wort auf.

Die Telefonistin informiert Dr. James Campbell, Dr. Holmes' Partner. Dieser ruft sofort in *Graceland Mansion* an und wird nach einigem Hin und Her mit Delta Mae Biggs verbunden. Aus ihrem konfusen Gestammel entnimmt Dr. Campbell, daß es um ihren Neffen geht und der Arzt sofort kommen soll. Man versuche, auch Dr. Nichopoulos, den Hausarzt, zu erreichen.

Dr. Campbell schlägt vor, Presley unverzüglich in die nahegelegene Klinik zu bringen. Mrs. Biggs verspricht, zurückzurufen. Aber es meldet sich niemand mehr aus *Graceland Mansion*.

Sam Thompson, Presleys Chefleibwächter, ist auf dem Weg nach *Graceland*. Wie schon mehrfach zuvor, soll er Lisa Marie abholen und zu ihrer Mutter nach Los Angeles zurückbringen.

14

Elvis hatte am Montag mit Priscilla telefoniert und die Reise angekündigt. Er weiß natürlich von den vielen Drohungen gegen Presley und seine Familie; für das Mädchen besteht immer die Gefahr
einer Entführung – eine Sorge, die Elvis Presley nie losläßt. Der
29jährige Exsheriff, ein Bruder Linda Thompsons, die fünf Jahre
lang eine feste Freundin seines Chefs war, fährt einen blauen Lincoln, der seinem Vater gehört. Dieser begleitet seinen Sohn, denn
er will den Wagen wieder übernehmen, nachdem Sam und Lisa
Maria am Flughafen ausgestiegen sind.

Während sie die Auffahrt zu *Graceland Mansion* hinauffah-
ren, kommt ihnen Stanley, ein Stiefbruder Presleys, in seinem
Datsun entgegen. Er kurbelt die Scheibe herunter, bremst etwas
ab, schreit ein paar Worte, die die Thompsons nicht verstehen.
Dann rast er weiter.

Sam Thompson stellt den Wagen auf den Parkplatz vor dem
linken Flügel des Hauses. In der Halle steht Lisa, das lange blonde
Haar wirr herunterhängend, in Tränen aufgelöst. »Sam!« schreit
sie und rennt auf den Mann zu, zu dem sie so viel Vertrauen hat:
»Sam! Mein Vati ist tot! Mein Vati ist tot!«

Ginger Alden war kurz nach zwei Uhr nachmittags aufgewacht.
Als sie feststellt, daß Elvis nicht da ist, geht sie zur Badezimmertür
und ruft seinen Namen. Sie erhält keine Antwort, öffnet die Tür
und sieht Elvis am Boden liegen, das Gesicht im weichen, tiefen
Teppich vergraben. Er ist offensichtlich aus einem schwarzen Lie-
gestuhl gefallen, in dem er gelesen hatte. Sie kniet neben ihm nie-
der, hebt seinen Kopf an, schlägt ihm mehrmals auf die Wange.
Sie zieht ein Augenlid hoch, das Auge ist blutrot. Später sagt sie:
»Ich hatte das Gefühl, als habe er einmal geatmet, als ich seinen
Kopf angehoben habe.«

Ginger alarmiert Al Strada und Joe Esposito, Elvis' Tournee-
manager, die sie bitten, das Zimmer zu verlassen, und sofort mit
Mund-zu-Mund-Beatmung bei Elvis beginnen. Esposito läßt Vernon Presley, Elvis' zweiundsechzigjährigen Vater, informieren und
teilt ihm nach dessen Eintreffen mit, daß das Schlimmste zu
befürchten ist. Der Vater sinkt neben seinen toten Sohn, legt beide
Hände auf den regungslosen Körper und flüstert: »O Gott, Jesus,
o Gott . . .«

Nach mehreren Versuchen kann Dr. George C. Nichopulos

erreicht werden. Er trifft gegen 14.30 Uhr ein, ebenso ein Rettungswagen der Feuerwehr Memphis, Station 29, 2147 Elvis Presley Boulevard, wo der Notruf um 14.33 Uhr registriert wurde. Die Ambulanz, gesteuert von Charly Crosby, rast zum etwa zehn Kilometer entfernten Baptist Memorial Hospital, wo sie um 14.56 Uhr eintrifft. Crosbys Kollege Ulysses Jones jr. und Dr. Nichopoulos stellen die Wiederbelebungsversuche keine Sekunde ein, auch wenn sie kaum Hoffnung hegen. »Los, Presley, atme! Atme, tu es für mich!« schreit Dr. Nichopoulos. Später erklärt er: »Ich habe alles versucht, nachdem ich festgestellt hatte, daß Presleys Pupillen verengt waren. Üblicherweise sind sie erweitert, wenn der Tod eingetreten ist.«

Um 15.30 Uhr wurde Elvis Presley in der Notaufnahme des Baptist Memorial Hospital für tot erklärt. Als Todesursache wird *Cardic Arrhythmia* (Herzrhythmusstörung) genannt. Dreißig Minuten später gibt ein Sprecher des Krankenhauses den Tod öffentlich bekannt.

2 Die Todesursache

Zweieinhalb Stunden, nachdem Elvis Presley offiziell für tot erklärt worden war, begann im Baptist Memorial Hospital, der größten Privatklinik der Welt, die Obduktion. Nach Aussagen von Krankenschwestern war der Körper Presleys, als er zu der von Polizisten abgeriegelten Pathologischen Abteilung gefahren wurde, aufgedunsen und geschwollen. Die Obduktion wurde von sechs Pathologen unter der Aufsicht des zuständigen Chefarztes Dr. E. Eric Muirhead vorgenommen. Anwesend war auch Dr. Jerry T. Francisco, der medizinische Gutachter des Regierungsbezirks Shelby, zu dem Memphis gehört. Man hatte ihn aufgrund der besonderen Umstände gerufen.

Das Resultat der zweistündigen Untersuchung löste bei den Ärzten Verwirrung aus. Es konnte nämlich kein medizinisch stichhaltiger, entscheidender Hinweis auf eine Erkrankung, die den Tod verursacht haben könnte, festgestellt werden. Das einzige definitive Resultat war die Feststellung, daß eine zum Herzen führende Arterie (*anterior descending artery*) zu vierzig bis fünfzig Prozent verengt war. Ein vergleichsweise harmloser Befund, denn Ärzte beginnen sich erst bei einer Verengung von etwa siebzig Prozent zu sorgen.

Es wurde entschieden, daß Dr. Francisco auf der bereits vor der Untersuchung angekündigten Pressekonferenz mitteilen solle, die Obduktion sei ohne Ergebnis geblieben.

Dr. Francisco jedoch eröffnete den Journalisten, der Tod des Stars sei auf einen Herzinfarkt zurückzuführen, ausgelöst durch eine Herzrhythmusstörung. Die Ursache der Störung sei jedoch unbekannt und möglicherweise nie mehr festzustellen. Er fügte hinzu, ein Mißbrauch von Drogen sei auszuschließen, und erklärte, es seien im Blut ausschließlich Spuren von Medikamenten gefunden worden, die Presley gegen hohen Blutdruck und Verdauungsbeschwerden regelmäßig eingenommen habe. Die Klinikärzte und ihre Mitarbeiter reagierten auf diese Verlautbarung ihres Kollegen mit Bestürzung. Einer der Pathologen war so wütend, daß er den Präsidenten des Baptist Memorial Hospital aufforderte, unverzüglich der Version des Amtsarztes in aller Öffentlichkeit zu widersprechen. Die Ärzte der Klinik wollten ihren guten Ruf, den sie sich durch jahrelange Arbeit aufgebaut hatten, nicht aufs Spiel setzen. Dr. Muirhead, eine internationale Kapazität auf dem Gebiet der Bluthochdruckforschung, war fest davon überzeugt, daß es nicht den kleinsten Hinweis auf die Herzinfarkttheorie Dr. Franciscos gab.

Spezialisten der Selbstmordabteilung der Polizei leiteten Ermittlungen ein, die bald ohne Ergebnis eingestellt wurden.

Nicht nur die Ärzte des Baptist Memorial Hospital gaben sich mit der offiziellen Darstellung nicht zufrieden, auch in der Öffentlichkeit verstummten die Zweifel an Franciscos Version der Todesursache nicht. An der Gerüchtebörse hatten »vertrauliche Informationen«, die abenteuerlichsten Spekulationen, Hochkonjunktur. Das Mißtrauen wurde nicht zuletzt durch die ehemaligen Presley-Freunde und Leibwächter, die Vettern Robert »Red« und Delbert »Sonny« West und Dave Hebler angefacht, die in dem wenige Wochen vor Presleys Tod herausgekommenen Taschenbuch *Elvis – What Happened* ihren ehemaligen Arbeitgeber als total drogenverseucht bezeichnet hatten.

Zwei Tage nach der Beisetzung am 18. August äußerte die Journalistin Peggy Busch vom *Memphis Press Scimitar* die Vermutung, daß Elvis Presley an *Lupus erythematodes* (Schmetterlingsflechte), einer höchst seltenen, äußerst gefürchteten chronischen Erkrankung der Haut, der Schleimhäute, der Milz und des Nervensystems, deren Erreger noch nicht erforscht sind, gelitten habe. Nicht nur Dr. Francisco, sondern auch sein Widersacher Dr. Muirhead wiesen diesen Verdacht zurück. Im November verriet aber Presleys Stiefbruder David Stanley in einem Interview mit der Zeitschrift *Midnight Globe* nicht nur, daß er nach dem Tod Presleys, für den er als »Mädchen für alles« gearbeitet hatte, einen Selbstmordversuch mit Valium-Tabletten verübte, sondern auch, daß Presley, den er unmittelbar, nachdem ihn Ginger Alden in der Lounge des Badezimmers gefunden hatte, gesehen habe, lilafarbene Flecken auf der Haut hatte. Seine Zunge sei schwarz gewesen. Eine blaurote Färbung von Nase und Wangen aber ist ein sichtbares Zeichen für *Lupus erythematodes*.

Hinter den Kulissen, in Laboratorien und Büros, begann eine heftige Auseinandersetzung. Sichtbares Zeichen für den Streit der Mediziner war die Tatsache, daß der offizielle Totenschein nicht ausgefüllt und unterschrieben wurde. Die Parteien waren sich in

18

»Nebensächlichkeiten« ziemlich einig. Als einigermaßen sicher galt, daß Elvis Presley an einer Arterienverhärtung litt, ein krankes, um etwa fünfzig Prozent vergrößertes Herz, eine Fettleber und eine milde Form von Diabetes hatte. Dazu Schlafstörungen, Übergewicht und chronische Verdauungsstörungen.

Aber das war nicht die Frage- und Frontenstellung. Diese lautete zu dem Zeitpunkt primär: Drogen oder nicht Drogen?

Die Ärzte des Baptist Hospital sandten Urin-, Blut- und Gewebeproben an renommierte Laboratorien in ganz Amerika, da die Klinik selbst über keine entsprechenden Einrichtungen verfügt. Dabei wurde der Name des Patienten nicht angegeben, die Proben wurden unter falschem Namen verschickt. Die Pathologen des nur einige hundert Meter vom Baptist Hospital entfernt gelegenen Methodist Hospital stellten umgehend die Spuren von sieben Medikamenten fest; darunter Placidyl, ein Medikament, das – wie von Toxikologen eindeutig festgestellt – in Kombination mit Codein tödlich ist.

Die Experten der Bio-Science-Laboratories in Van Nuys, Kalifornien, die aus Memphis Proben von Blut, Leber und Nieren des Verstorbenen erhalten hatten, waren über das Ausmaß ihrer Befunde derart besorgt, daß sie noch vor Fertigstellung des Untersuchungsberichtes ihre Kollegen in Memphis telefonisch informierten. Auch sie hatten eine lebensbedrohende Zahl und Dosierung von Drogen entdeckt. Erst jetzt wurde das Bio-Science-Laboratorium aufgeklärt, daß es sich um eine Untersuchung des Todes von Elvis Presley handle. Es wurde beschlossen, weitere Analysen in Auftrag zu geben. Das toxikologische Institut der Staatsanwaltschaft in Santa Ana, Kalifornien, wurde gebeten, die Untersuchungen speziell auf das Vorhandensein von Codein und Morphium auszudehnen. Weitere Tests wurden im Center Of Human Toxicology der Universität von Utah in Salt Lake City vorgenommen.

Mitte Oktober lag das Resultat aller Untersuchungen auf dem Tisch. Die Ärzte des Baptist Memorial Hospital, die von Anfang an die Ansicht vertreten hatten, daß Elvis Presleys Tod auf Polypharmazie, also auf eine Vergiftung durch Medikamente – vorrangig in der Kombination von Codein, Placidyl und Barbituraten in zu hoher Dosis und in falscher Kombination – zurückzuführen sei, fühlten sich bestätigt. Ihr Obduktionsbericht enthielt detailliert die Resultate aller Untersuchungen. Der Report der Bio-Science-Laboratories listete insgesamt zehn Drogen auf und lieferte ziemlich exakte Angaben über ihre Identität und Quantität. Darunter befinden sich Morphium, Codein und drei Barbiturate in hohen Konzentraten. Placidyl, die wahrscheinlich entscheidende Droge, wurde in Konzentrationen von fünfhundert bis tausend Gammas per hundert Blut-Milliliter nachgewiesen. Das therapeutische Maß dieses Medikaments liegt laut Bio-Science-Report bei fünfzig bis maximal siebenhundert Gammas, das tödliche Maß bei zweitausend Gammas.

Drei Barbiturate waren in einer Höhe von 1940 Gammas in Presleys Blut vorhanden. Die Werte für Codein wurden mit 108 und für Morphium mit drei Gammas angegeben. Auch hier wurden Vergleichswerte mitgeliefert. Es wird betont, daß nachgewiesenermaßen 120 Gammas Codein per hundert Milliliter tödlich sein können, selbst wenn keine weiteren Drogen damit kombiniert wurden.

Dr. Francisco war gezwungen, eine neue Pressekonferenz in Memphis einzuberufen. Sie fand am 21. Oktober statt. Der *County Examiner*, der jeweils für ein Jahr gewählt wird und die symbolische Bezahlung von einem Dollar erhält, wich von seiner wenige Stunden nach dem Ableben Elvis Presleys gegebenen Darstellung keinen Fußbreit ab. Er erklärte erneut, daß der Tod des Sängers auf Herzinfarkt zurückzuführen sei. »Drogen haben keine Rolle gespielt.«

Er wehrte sämtliche Fragen der Journalisten, die überraschend gut über die Resultate der diversen Laboruntersuchungen Bescheid wußten, mit stoischer Gelassenheit ab. Unter Druck gab er zu, daß einige Drogenspuren entdeckt worden seien, meinte aber: »Selbst wenn diese Medikamente nicht eingenommen worden wären, wäre Presley aus den Gründen gestorben, an denen er gestorben ist.« Die Barbiturate seien nicht eindeutig identifiziert. (Bio-Science hatte sie jedoch namentlich aufgeführt: Pentobarbital, Butabarbital und Phenobarbital.) Ihre Menge gab Dr. Francisco mit achthundert Gammas, Bio-Science mit 1940 an.

Außerdem wertete Dr. Francisco die Qualifikation der mit dem Fall befaßten Laboratorien ab und teilte mit, daß auch er Toxikologen und Pathologen mit Untersuchungen beauftragt habe. Sie alle seien der übereinstimmenden Ansicht, daß die von Presley eingenommenen Medikamente keinen Einfluß auf seinen Tod gehabt hätten, sie seien im Rahmen therapeutischer Dosen geblieben. Die Namen der von ihm konsultierten Ärzte allerdings gab Dr. Francisco nicht preis. Er wies noch darauf hin, daß sämtliche Medikamente von Ärzten verschrieben worden seien. In der Nacht vor seinem Tod habe sich Presley einer Zahnbehandlung unterzogen, und der Zahnarzt habe ihm codeinhaltiges Schmerzmittel gegeben. Codein verändere sich im Körper zu Morphium. Dies erkläre das Vorhandensein von Morphium in der Blutprobe. Auf die Frage, ob Presley alle diese Medikamente wirklich gebraucht habe, antwortete Dr. Francisco: »Soweit ich weiß, ja.«

Dr. Francisco faßte zusammen: »Als Todesursache wurde eine durch Bluthochdruck hervorgerufene Erkrankung des Herzens in Verbindung mit einer Erkrankung der Herzarterien (*hypertensive heart desease with coronary artery heart desease*) als zusätzlicher Faktor festgestellt. Laienhaft formuliert heißt das, Elvis Presley starb einen normalen Tod durch Herzinfarkt.« Er fügte hinzu: »Die Untersuchungen waren so sorgfältig und gründlich wie nie zuvor, seit ich hier Amtsarzt bin. Wahrscheinlich noch sorgfältiger und gründlicher als nach der Ermordung von Präsident John F. Kennedy.«

Maurice Elliott, der Vizepräsident des Baptist Memorial Hospital, war nicht bereit, Dr. Franciscos Darstellung im einzelnen zu kommentieren. Er erklärte trocken: »Wenn das Dr. Franciscos Meinung von den Dingen ist, dann ist das seine Sache. Ich wünschte, wir könnten alles, was wir wissen, auf den Tisch legen, aber wir sind dazu leider nicht in der Lage, da uns das Gesetz der Familie gegenüber zur Vertraulichkeit verpflichtet. Der Obduktionsbefund ist Eigentum der Klinik, Angestellte und Mitarbeiter sind an die Schweigepflicht gebunden.« Dr. George C. Nichopoulos – von Presley, seinem prominentesten Patienten, und dessen Familie und Freunden nur Dr. Nick genannt, mehr als zwölf Jahre Presleys Hausarzt und sein häufiger Begleiter auf Tourneen oder während Filmarbeiten in Hollywood – war nicht bereit, eine Stellungnahme abzugeben.

Der offizielle Totenschein wurde bereits einen Tag vor der spektakulären Pressekonferenz am 20. Oktober im Gesundheitsamt

(Health Department) von Memphis vom Leiter der Behörde, Dr. George Lovejoy, unterzeichnet, nachdem er von Dr. Francisco ausgestellt worden war. Auch er lehnte eine Stellungnahme zum Inhalt ab: »Es wäre gegen das Gesetz.«

Dr. Muirhead war zuerst zu keinem Kommentar zu bewegen, erklärte dann aber auf die bohrenden Fragen der Journalisten: »Vernon Presley hat meinen Bericht. Er ist der einzige, der ihn veröffentlichen kann, wenn er will. Mehr werde ich nicht sagen.«

Dennoch sickerten zuverlässige Informationen aus dem Krankenhaus. Demnach enthält der von Dr. Muirhead unterzeichnete Report die klare Feststellung, daß Presleys Tod durch insgesamt zehn Drogen, im Blut des Verstorbenen nachgewiesen, hervorgerufen wurde. Diese Drogen, darunter die Medikamente Demerol (ein synthetisches Narkotikum), Codein, Spurenteile von Opium, verschiedene Tranquilizer wie Valium, hätten Presleys zentrales Nervensystem gelähmt. Was zur Folge hatte, daß er erstickte.

Als der Sänger ohnmächtig zu Boden gefallen sei, war seine Atmung behindert, da er mit dem Gesicht nach unten auf dem tiefen, langhaarigen Teppich lag. Außerdem war die Blutzirkulation durch die gekrümmte Lage des Körpers beeinträchtigt. Elvis Presleys Herz, fünfzig Prozent größer als ein Normalherz, erkrankt und in Mitleidenschaft gezogen durch Drogen, kam durch die unterbrochene Zirkulation zum Stillstand.

Das Gesetz des Landes Tennessee verfügt, daß Totenscheine fünfzig Jahre lang geheimgehalten werden können. Nur die Familie oder Personen, beziehungsweise Behörden mit nachweisbarem Interesse, haben das Recht, den Inhalt kennenzulernen. Im Falle von Elvis Presley bedeutet dieses Gesetz, das als *Vital Statistics Act* erst 1976 vom Parlament verabschiedet wurde, daß der offizielle Totenschein erst im Jahre 2027 veröffentlicht werden kann. Nach Ansicht von Senator Jim White aus Memphis verstößt dieses Tennessee-Gesetz gegen die Verfassung der Vereinigten Staaten. Und zwar dürfe nach dem *First Amendment* zur Verfassung die Freiheit der Presse und der Information durch keine gesetzlichen Bestimmungen eingeschränkt werden.

Senator White wird möglicherweise eine Verfassungsklage einreichen, um der Öffentlichkeit die Möglichkeit zu geben, den offiziellen Totenschein Presleys kennenzulernen. »Amerika hat ein

Recht, die Wahrheit kennenzulernen. Das ist Grund genug, gegen das Gesetz vorzugehen.« Die Auseinandersetzung ist also im Begriff, auf die höchste politische Ebene zu geraten. Die direkten Gegner Senator Whites sind in diesem Fall der einflußreiche Gouverneur Ray Blanton und Senator Gabe Talarico, die das Gesetz, die *Vital Statistics Act*, eingereicht und über die parlamentarischen Hürden gebracht haben.

Robert E. Burke, Direktor der Statistischen Abteilung des Gesundheitsamtes von Memphis und des Shelby County – und damit praktisch der »Siegelverwahrer« für die Presley-Dossiers –, sagte: »Der Totenschein von Dr. Martin Luther King Jr. zum Beispiel, der hier in Memphis am 4. April 1968 erschossen wurde, ist in diesem Amt verwahrt und niemals bekanntgegeben worden.«

Aussage steht gegen Aussage, Meinung gegen Meinung. Haben sich Dr. Muirhead und sein Team geirrt? Sind sie zu stolz und stur, ihren Trugschluß einzugestehen? Oder werden sie von Profilneurosen und der Sucht nach Schlagzeilen getrieben?

Oder ist der Amtsarzt Dr. Francisco nicht nur auf einem, sondern auf beiden Augen blind? Bestochen? Bedroht? Hat die »Memphis-Mafia« die Hände im Spiel? Versucht er wie Richard Nixon in seiner Amtszeit, den »Deckel auf den Topf« zu drücken? Wessen Watergate zeichnet sich ab?

An dieser Stelle ist es unerläßlich, die Position des Presley-Leibarztes Dr. Nichopoulos zu untersuchen. Er hatte, das ergaben spätere Enthüllungen, zusammen mit Joe »Diamond« Esposito Presley in ein geschäftliches Abenteuer hineingezogen – die Beteiligung an einer Firma, die sich um die Errichtung von Sportanlagen bemühte –, das kläglich scheiterte und nur mit Mühe und Not außergerichtlich bereinigt werden konnte. Presley, der überredet worden war, der dubiosen Gesellschaft seinen werbewirksamen Namen zu leihen, fühlte sich getäuscht und mußte seine Anwälte einschalten, um aus der Affäre mit einem blauen Auge herauszukommen. Dennoch soll er mehrere hunderttausend Dollar daran verloren haben.

Noch eklatanter und in diesem Zusammenhang beinahe sensationell ist eine Tatsache, die erst durch die Veröffentlichung der Presleyschen Vermögensverhältnisse bekannt wurde. Es liegt wahrscheinlich an den 82 Seiten dieser Auflistung, daß dieser

»Sprengsatz« bislang noch nicht detonierte.

Am 3. März 1977 nämlich hatte Dr. Nichopoulos seinen Patienten um ein Darlehen in Höhe von 255 000 Dollar, also über einer halben Million DM, gebeten und es erhalten. Als Sicherheit für diesen ungewöhnlich hohen persönlichen Kredit hatte Dr. Nichopoulos sein Haus, 6564 Cottingham, angeboten, das aber laut Grundbuch nur einen Wert von 209 300 Dollar besitzt. Das Darlehen sollte mit einer Verzinsung von sieben Prozent innerhalb von 25 Jahren in Monatsraten von 1802 Dollar zurückerstattet werden. Diese Kreditvereinbarung wurde erst am 18. August, also zwei Tage nach dem Tode Elvis Presleys, notariell bestätigt!

Selbst harmlose Gemüter müssen zugeben, daß dieser Mediziner dessen berufliche Qualifikation von seinen Kollegen in Memphis als absolut durchschnittlich bezeichnet wird, sowohl als ernst zu nehmende Kapazität bei der Aufklärung der Todesursachen ausgeschlossen werden und auch – bedingt durch seine existenzielle Abhängigkeit – als möglicher Drogenlieferant eines süchtigen Patienten angesehen werden muß. Sein Sohn Dean gehörte außerdem zum harten Kern der »Memphis-Mafia«. Zusammen mit Vater Vernon Presley, der auf den guten Ruf seines Sohnes bedacht und jetzt Dr. Nichopoulos' Gläubiger ist, und mit Joe Esposito kommt er als einer der Drahtzieher des Vertuschungskomplotts in Frage.

Wird die Wahrheit erst im Jahre 2027 zu erfahren, eine Verfassungsklage notwendig sein, um den Dunstkreis aufzuhellen?

Chet Flippo in *Rolling Stone*:

»Sein Tod ist ein beinahe noch größeres Mysterium als sein Leben. Elvis sank mit 42 ins Grab, ohne je alle seine Karten aufgedeckt zu haben. Und auch seine ganze Familie – ein Trennungsstrich zwischen Blutsverwandten und Angestellten war seit geraumer Zeit gar nicht mehr exakt zu ziehen – vergaß trotz aller Trauer nicht, ihre Karten eng am Körper zu halten.«

Das von »Colonel« Thomas A. Parker, Presleys Exklusivmanager, geschickt und geduldig, mit nie erlahmender, eiserner Konsequenz aufgebaute Image des Superstars, der bei jung und alt beliebt sein mußte, der »Junge von nebenan«, Gott und die tote Mutter verehrend, der sauber bleiben mußte, um die Elvis-Presley-Industrie nicht zu gefährden, dieses bereits brüchige Bild wird weitere Korrekturen erfahren. Wird aus »King Elvis« ein »King Kong«, pervers und paranoid?

Zurück zur Todesursache. Drogenkollaps oder »normaler« Herz-Infrakt? Es steht eins zu eins beim Kampf der Experten. Doch die Crew des Baptist Memorial Hospital hat mit den ehemaligen Kumpels und Karatekämpfern Red und Sonny West und Dave Hebler nicht zu unterschätzende Schützenhelfer gefunden. In dem 332seitigen Taschenbuch *Elvis – What Happened?*, das vom New Yorker Verlag Random House Inc. innerhalb der Ballantine-Book-Serie am 1. August 1977, also zwei Wochen vor dem Tod und der Auseinandersetzung nach der Obduktion erschienen ist, haben sie schonungslos und schockierend über die Tablettensucht ihres ehemaligen Freundes und Arbeitgebers berichtet. Der Chefreporter des Verlagsimperiums Murdoch, Steve Dunleavy, hat die Erinnerungen und Erklärungen der drei von Elvis Enttäuschten aufgezeichnet. In Kapitel 16 erinnert sich Red West:

»Er nimmt Pillen, um schlafen zu können. Er nimmt Pillen, um wach zu werden. Er nimmt Pillen, um auf die Toilette gehen zu können, und er nimmt Pillen, um nicht mehr auf die Toilette gehen zu müssen. Es gab Zeiten, in denen er so voll von Aufputschmitteln war, daß er Schwierigkeiten hatte zu atmen; einmal hatte er schon Angst, sterben zu müssen. Sein Organismus funktioniert nicht mehr wie der eines normalen Menschen. Die Pillen nehmen ihm die Arbeit ab. Er ist eine wandelnde Apotheke. Er hat Marihuana geraucht, aber er mag es nicht, denn er bekommt brennende Halsschmerzen davon. Er nimmt Aufputschdrogen, Beruhigungsmittel und jede Menge schwerer schmerzstillender Medikamente, Parcodan und solches Zeug, das sie Krebskranken geben, wenn sie nicht mehr lange zu leben haben. Er hat oft Rezepte auf den Namen der Jungs ausstellen lassen, und von Zeit zu Zeit hatte er einen Arzt, der ihm verschrieb, was er wollte. Aber der ist inzwischen verschwunden. Ja, Elvis weiß eine Menge über Drogen.«

Wie gesagt, dies erzählte Red West, der Presley rund zwanzig Jahre lang fast täglich erlebt hat, lange Zeit, bevor über den Tod des »Königs« spekuliert wurde. Dave Hebler liefert ein Schlagwort:

»Total verrückt, wie dieser Mensch Selbstmord auf Raten begeht, und das ist meiner Meinung nach genau das, was er mit seinen Tabletten tut... Hier ist ein Kerl, eine der populärsten Persönlichkeiten der Welt. Er kann alles haben, was er will. Er hat die Mittel dazu. Er könnte auch physisch eine Ausnahmeerscheinung sein. Es ist für mich schwer zu verstehen, warum er freiwillig darangeht, sich selbst zu zerstören. Als ob er Sehnsucht nach dem Tode hätte. Und das Erschütternde ist, daß Elvis alles gleichgültig läßt.«

Zum Gänsehautkriegen, wenn man überlegt, wann Hebler dem Journalisten Dunleavy diese Worte in die Maschine diktierte. Red West, der überzeugt davon ist, daß der andauernde Drogenmißbrauch nicht nur den Körper seines Chefs ruinierte, sondern auch eine Persönlichkeitsveränderung bewirkte, gibt wie die anderen zu, in Sachen Drogen kein Unschuldslamm und zaghafter Zeuge gewesen zu sein. Sie alle geben zu, viele Jahre die Stimmungsmacher und Energietöter als täglich Brot genossen zu haben, schon um mit ihrem motorischen, sprunghaften Boss mithalten zu können. Sie nennen die Narkotika auch beim Namen: Placidyl, zum Beispiel.

Placidyl, das die Toxikologen des Bio-Science-Laboratoriums entdeckt hatten, das erwiesenermaßen, besonders in der Kombination mit Codein, tödlich sein kann und dessen Existenz in Presleys Blut Dr. Francisco für unwahrscheinlich hielt.

Dave Hebler, die Vettern Red und Sonny sind bereit, ihre Aussagen bei einem Test mit dem Lügendetektor zu wiederholen. Sie wissen natürlich, welche Sprengkraft ihre Enthüllungen haben.

Red West beschwört, daß Presley in den sechziger Jahren hauptsächlich *uppers*, Aufputsch-Amphetamine, geschluckt habe. Beruhigungsmittel wären erst nach 1970, 1972 in seinem medizinischen Arsenal aufgetaucht. Nachdem seine Frau Priscilla ihn verlassen hatte, stieg der Verbrauch sprunghaft an. West legt Wert auf die Feststellung, daß Heroin für Elvis nicht in Frage kam. Sonny erinnert sich an einen Vorfall, der Presleys totale Drogenabhängigkeit beweisen soll.

»Es war im Jahre 1960, nach der Fertigstellung von *G.I. Blues*, Elvis' erstem Film nach seiner Entlassung aus der Armee. Presley hatte einen Wochenendausflug mit der Memphis-Mafia nach Las Vegas geplant. Die Gruppe – Presley, Sonny West, Joe ›Diamond‹ Esposito, sein Cousin Gene Smith, Lamar Fike und Charlie Hodge – startete in Los Angeles in einer weißen Cadillac-Limousine und einem Mark VI Lincoln. Elvis war 1956 schon mal in Las Vegas gewesen, aber ich und die anderen noch nie. Wir waren alle aufgeregt. Klar, daß wir in bester Laune waren. Auf halbem Weg, in Barstow, machten wir eine kleine Pause. Elvis bat Gene, ihm seine kleine Reisetasche zu geben. Es gehörte zu Genes Aufgaben, sich um Elvis' Gepäck zu kümmern. Elvis sagte, er möchte sich die Zähne putzen, oder so etwas ähnliches. Aber wir wußten natürlich, was er wirklich wollte. Die Tasche enthielt seine Wach- und *High*-Macher. Aber Gene hatte die Tasche in Los Angeles vergessen. Anstatt darüber hinwegzugehen, wurde Elvis sauer. Er befahl uns allen, wieder in die Autos zu klettern und nach Los Angeles zurückzufahren. Unsere Stimmung war dahin. Nachdem wir schon die halbe Strecke geschafft hatten, ließ er uns wieder zurückfahren, nur weil er seine kleine Tasche mit den Pillen nicht mithatte. Elvis klemmte sich selbst hinters Steuer und hörte nicht mehr auf zu maulen und zu schimpfen.

Wir wurden müde, und Gene schlief ein. Als Elvis das merkte, schlug er ihn mit dem Handrücken gegen die Brust und schrie ihn an: ›Verdammt, du wirst jetzt nicht pennen, hörst du!‹ Gene schreckte hoch: ›Nein, Boss!‹ So ging das den ganzen Weg nach Los Angeles. Elvis war wütend auf uns alle wie ein kleines Kind, das seinen Willen nicht gekriegt hat.

Die ganze Gesellschaft landete wieder im *Beverly Wilshire Hotel*. Charlie, Lamar und Sonny zogen sich aus und fielen ins Bett. Sie waren noch nicht eingeschlafen, da läutete das Telefon. Joe Esposito war am Apparat: ›Kommt runter, es geht wieder los. Er hat beschlossen, noch einmal zu fahren.‹«

Sonny hat die Szene noch genau im Gedächtnis: Als sie wieder in die Autos stiegen, trug Presley seine kleine Reisetasche und verteilte während der Fahrt nach Las Vegas Aufputschtabletten. Unmittelbar nach der Ankunft begann Presley zu spielen und verlor innerhalb von Stunden zehntausend Dollar.

Noch ein Originalzitat von Sonny West:

»Ich habe bei ihm wirklich Dutzende von Flaschen gesehen, die alle verschiedene Pillen enthielten. Er weiß eine ganze Menge über das Zeug. Er weiß, welche er mixen kann, kennt die Dosierungen und die Wirkung. Manchmal verrechnete er sich, und das hatte böse Folgen, aber die meiste Zeit weiß er, wie er es zu machen hat, zumindest glaubt er das. ... Zeigen Sie ihm eine Pille, oder beschreiben Sie ihm die Farbe der Flasche, und er wird sie innerhalb einer Sekunde erkennen.«

Red West erinnert sich an einen weiteren Vorfall. Die Geschichte trug sich 1975 zu. Im August dieses Jahres mußte Elvis Presley sein Las-Vegas-Gastspiel nach zwei Vorstellungen abbrechen. Offizieller Grund: Erschöpfung, Lungenentzündung. Presley hatte ernste Atembeschwerden. Er war in seinem neuen Jet Commander zusammen mit Red West und Charlie Hodge nach Las Vegas geflogen.

»In der Maschine nahm er einige Pillen. Er war schnell überdreht. Er saß im rückwärtigen Teil des Flugzeugs und schrie plötzlich: ›Ich kriege keine Luft! Zieh die Sauerstoffmaske! Zieh die Sauerstoffmaske!‹«

Red beschreibt, daß sein Chef nach Luft schnappte und er und Charlie Hodge Angst bekamen. Der Sauerstoff schien Presley nicht viel zu helfen.

»Seine Atmung war völlig durcheinander. Ich entdeckte einen Frischluftventilator am Boden, aus dem gehörig Luft kam. Ich sagte Elvis, er solle sich auf den Boden legen und sein Gesicht direkt über den Ventilator halten.«

Dann hörten sie Worte, die ihnen ehrliche Furcht einjagten:

»Ich glaube, ich schaffe es nicht mehr«, keuchte Presley. »Wir müssen runter.« Die Maschine machte eine Notlandung in Dallas, und Presley, Red und Charlie fuhren für fünf Stunden in ein Motel. Elvis erholte sich dann wieder, sagt Red. Die Wirkung der Pillen hatte nachgelassen.

Sonny und Red geben an, Presley sei gelegentlich vom Schmerzmittel Demerol völlig k.o. gewesen, mit hängendem Kopf und offenem Mund. Man habe einmal den Plan gehabt, ihn in diesem Zustand zu fotografieren, um ihm später zeigen zu können, wie er dann aussah.

»Er ist manchmal so voll, daß er sich gar nicht mehr an Vorstellungen erinnern kann, die er gegeben hat. Einmal in Las Vegas hat er, anstatt zu singen, 28 Minuten lang Karateschläge vorgeführt. Man hat darüber geredet, aber in den Zeitungen stand kein Wort darüber. Die ganze ›Memphis-Mafia‹ kennt Presleys unablässige und gefährliche Gewohnheit, jede Art von Aufputschmitteln und Beruhigungstabletten zu nehmen.«

Delbert »Sonny« West ging in einem Interview mit dem Kolumnisten der *Chicago Sun-Times*, Bob Greene, auf diese Frage ein:

»Presley gab sich mit kleinen Plastikspritzen selbst Injektionen in Arme oder Beine. Wir mußten ihm das Zeug in den Hintern spritzen. Wir haben für diesen Mann sehr oft gebetet. Seine Abhängigkeit von Drogen ist so ernst, daß ich davon überzeugt bin, er setzt sein Leben aufs Spiel.«

Wenige Stunden, nachdem Greene dieses Interview auf einer Schreibmaschine getippt hatte, erreichte ihn die Todesmeldung aus Memphis.

Vernon Presley, Elvis' Vater, und »Colonel« Parker haben zwar wissen lassen, sie würden Dave Hebler und die Vettern West verklagen. Tatsache ist aber, daß das Buch mit diesen schwerwiegenden Behauptungen weiter ohne Beanstandung verkauft werden kann – bis zum heutigen Tag in über drei Millionen Exemplaren. Es wird Papa Presley und Patron Parker auch sehr schwer fallen, die Aussagen der drei alten Freunde zu erschüttern, denn diese waren unentwegt mit dem Star zusammen, die möglichen Ankläger nicht. Ob Elvis Presley das Buch selbst gelesen hat, ist nicht bekannt; wahrscheinlich nicht. Aber er kannte den Inhalt genau. Linda Thompson, seiner langjährigen Freundin, sagte er: »Es schmerzt, aber es wird mir beruflich nicht schaden.«

In diesem Zusammenhang ist die Aussage von Ricky Stanley,

einem der drei Stiefbrüder Elvis', interessant. Er wurde 1975 verhaftet, als er mit einem von ihm selbst gefälschten Rezept Narkotika kaufen wollte.

»Ich weiß nicht, wie Elvis es so schnell herausbekommen hat, daß ich im Knast war. Er saß im Kino, als er die Nachricht erhielt. Ein paar Minuten später war er im Gefängnis. Er hätte gar nicht selbst kommen müssen, er hätte leicht jemand schicken können, einen Anwalt, aber er kam selber. Sie brachten mich in Handschellen aus meiner Zelle.
Das erste, was er sagte, war: ›Du bist dir klar darüber, daß Mama sich umbringt, wenn sie davon hört.‹ Und dann: ›Ich hole dich hier sofort heraus.‹
Ganz ruhig sagte er zu den Polizisten: ›Nehmt ihm die Handschellen ab, das ist mein kleiner Bruder.‹
Einer der Polizisten sagte: ›Ja, aber...‹ Darauf Elvis: ›Sie haben mich anscheinend nicht richtig verstanden. Ich möchte, daß Sie ihm die Handschellen abnehmen. Ich werde ihn auslösen.‹
Sie nahmen mir die Dinger ab, und ich war wieder draußen. So war Elvis. Ich werde ihm das nie vergessen.«

Für wen der kleine Bruder das Rezept gefälscht hatte, wollte er allerdings nicht preisgeben.
Es steht also zwei zu eins für die Drogentheorie. Dr. Nichopoulos könnte für den Ausgleich sorgen. Aber er hüllt sich in Schweigen. Aus Pietät? Aus Furcht vor dem langen Arm Parkers? Oder hat er Angst, der »fahrlässigen Tötung« seines prominenten Patienten beschuldigt zu werden? Er, wie kein zweiter, muß die Wahrheit kennen.
Überraschenderweise ist in den Berichten und Analysen Presleys Zahnbehandlung Stunden vor seinem Tod so gut wie nicht berücksichtigt. Wenn Presley regelmäßig das Medikament Placidyl eingenommen hat und wenn es stimmt, daß Dr. Lester Hofman Presley an diesem Abend ein schmerzstillendes, codeinhaltiges Präparat gegeben hat, wenn weiterhin medizinisch als erwiesen gilt, daß Placidyl zusammen mit Codein tödliche Folgen haben kann, ist das Übergehen dieses Sachverhalts, das Vertuschen dieser Zusammenhänge merkwürdig.

Es ist unmöglich, den Fall Presley zu verstehen, ohne die außergewöhnliche Stellung zu kennen und zu berücksichtigen, die der Musik-Multimillionär in Memphis einnahm. Jahr für Jahr spendete Presley um die Weihnachtszeit zigtausend Dollar für wohltätige Zwecke; besonders Kirchen und Wohltätigkeitsorganisationen wurden dabei berücksichtigt: baptistische, evangelische, methodistische, katholische und – nicht zu vergessen – jüdische. Keiner wurde ausgelassen. Die Veröffentlichung der Spendenempfänger nahm meistens eine halbe Seite der großformatigen Tageszeitungen in Memphis ein.

Der Kolumnist Bill E. Burk aus Memphis, in Sachen Presley immer zuverlässig informiert, schrieb: »Wahrscheinlich hat niemand bisher ausgerechnet, wieviel Geld Presley für wohltätige Zwecke ausgegeben hat, aber der Betrag von siebenhundertfünfzigtausend Dollar seit 1960 ist sicher eine seriöse Schätzung.«

In einer Stadt, in der es mehr Kirchen als Kneipen gibt, war dies eine in ihrer Wirkung nicht zu unterschätzende Sozial-Leistung. Presley war einer, vielleicht sogar *der* beste Steuerzahler der Stadt – von Firmen und Gesellschaften abgesehen. Nicht nur Ärzte und Mitarbeiter fuhren Luxuslimousinen, die ihnen Presley geschenkt hatte, auch Polizeibeamte in hohen und höchsten Positionen kamen in den Genuß solcher kleiner Aufmerksamkeiten. Auch diesbezüglich weiß Burk Bescheid und nennt Namen: Sheriff William N. Morris und Roy »Skip« Nixon, Bürgermeister des Bezirks Shelby und früher ebenfalls Sheriff.

Presley, »King Elvis«, genoß in »seiner« Hauptstadt Sonderstatus. Er regierte von *Graceland Mansion* aus absolut. Für ihn galten die strengen Moralgesetze dieser Gegend nicht. Er genoß die Verehrung seiner Mitbürger.

»Der höchste Tribut, den man einem Mann zollen kann, ist der, durch seine Gegenwart geehrt und durch seinen Verlust schmerzlich betroffen zu sein. Daran gemessen, hat Memphis seine Liebe für Elvis Presley klar unter Beweis gestellt«, begann Jackson Baker seinen Nachruf in der Zeitschrift *City of Memphis*. Und er schrieb weiter: »Memphis, wo er im Hause seiner Mutter eine Heimat hatte, wurde nach einer Weile seine Ersatzmutter. Sie nahm ihn zärtlich in die Arme, sie machte es ihm bequem, sie war stolz auf ihn.«

Im Leitartikel einer Sonderausgabe anläßlich des Todes von

Elvis Presley schrieb der *Commercial Appeal*: »Er war ein wichtiger Posten auf der Aktivseite der Stadt Memphis. Eine Touristenattraktion, auch das, aber doch mehr: ein Symbol.«

Elvis, dafür ist bestens gesorgt, wird eine dollarträchtige Touristenattraktion der modernen Stadt am Mississippi bleiben. Voraussetzung: das Symbol darf nicht vom Sockel stürzen. Und das Material, aus dem das Podest für den geliebten, gewinnbringenden Sohn gemischt ist, heißt: »ein guter Christ zu sein, der nicht raucht, nicht trinkt, der ein Herz aus Gold für die Armen hat und Familie, Freunde und seine Frau verehrt«. Was nicht so recht in dieses Bild der Anständigkeit paßt, wird schnell retuschiert. Es kann nicht sein, was nicht sein darf. Nur so ist auch die für Land-und-Leute-Kenner unfaßbare, großzügige Tolerierung der Sexeskapaden des Südstaatlers erklärbar. Doch dazu später.

Obwohl die Pattsituation im Drogenschach zwischen Dr. Francisco und dem Baptist-Memorial-Team nach dem Eingreifen einer neutralen, übergeordneten Behörde oder Organisation zu verlangen scheint, hat die einflußreiche Medizinische Gesellschaft von Memphis und dem Shelby County es abgelehnt, eine Untersuchung einzuleiten. Am 1. November 1977 gab der Präsident des honorigen Vereins, Thomas G. Dorrity, bekannt: »Der *Memphis and Shelby County Medical Society* liegt keine Bitte einer autorisierten Behörde vor, die Todesursache im Fall Elvis Presley zu untersuchen. Wir besitzen auch keinerlei tatsächliche Informationen in dieser Hinsicht.« Dorrity erwähnte in seiner Verlautbarung zwar das große Interesse der Medien »in der ganzen Welt«, fügte aber hinzu: »Wir haben keine Informationen, und ich sehe auch keinen Grund, solche einzuholen.«

Auch diverse Bundesbehörden in Washington, D. C., sind nicht daran interessiert, den Fall weiter hochzuspielen. Es wäre auch blamabel, offiziell feststellen zu müssen, daß der Mann, der von Präsident Richard Nixon 1971 persönlich zum ordentlichen Mitglied des *Federal Drug Enforcement Bureau* (Antidrogenbehörde der Bundesregierung der Vereinigten Staaten von Amerika) ernannt und im *Oval Office* des Weißen Hauses persönlich von ihm die blitzende Dienstmarke der Drogenbekämpfer überreicht bekam, selbst ein Drogensüchtiger war – und 1971 bereits gewesen war.

Den Dienstausweis, der einer FBI-Marke gleichkommt, benutzte

Drogendetektiv h.c. Presley gelegentlich. Allerdings nicht, um Rauschgifthändler zu jagen, sondern um Privatfehden zu seinen Gunsten zu wenden.

Fairerweise muß hier allerdings erwähnt werden, daß der Chef der Antidrogenbehörde, John Finlator, die Ernennung Presleys abgelehnt hatte. »Tricky Dick« jedoch erwies dem populären Show-Star den Gefallen: Das gab eine Bomben-Publicity.

Stimmt die Vergiftungsversion, stellt sich die Frage nach dem Warum. Warum begann Presley, Drogen zu nehmen? Warum beging er »Selbstmord auf Raten«? Auch seine Freunde, die detailliert die Wirkungen beschreiben, können über die Ursachen nur Vermutungen beisteuern. Ihre hauptsächliche Erklärung, er habe sich in seinem goldenen Käfig, in seinem abgeschirmten Elfenbeinturm schlichtweg gelangweilt, zu Tode gelangweilt, berührt natürlich nur die Oberfläche der Problematik. Hier sind weitere psychologische und medizinische Recherchen notwendig.

Warum war Presley, der seinen Verfall selbst registriert hat, fast apathisch, warum war ihm »alles egal«?

Wußte Presley, daß er sterben würde? Machte er deshalb im März 1977, vier Monate vor seinem Ableben, plötzlich zum erstenmal ein Testament? Hatte Presley Krebs?

Diese Frage stellte Malcolm Abrams, Star-Reporter der Zeitschrift *Midnight Globe*, Elvis' Stiefmutter Davada Presley.

»Ich bin sicher, daß er wußte, wie krank er wirklich war«, antwortete sie. »Es ist doch auffallend, daß er so oft im Krankenhaus war. Krebs? Das weiß ich nicht. Mich bewegen viele Gedanken und Fragen, auf die ich heute gern eine Antwort wüßte. Aber wenn es so gewesen wäre, würde das sein verändertes Verhalten erklären. Immer, wenn er ins Krankenhaus mußte, habe ich mich gewundert, ob nicht der wahre Grund verschwiegen wurde.«

Elvis Presley wurde in Memphis mindestens sechsmal stationär behandelt. Wenige Tage nach dem Tod gab das Baptist Memorial Hospital eine Zusammenfassung zur Veröffentlichung frei:

1960, 16./17. Oktober: Bruch des kleinen Fingers der rechten Hand
1973, 15. Oktober – 1. November: Hoher Blutdruck und Kopfschmerzen

1975, 28. Januar – 14. Februar: Hoher Blutdruck und Darmverschluß

   21. August – 5. September: Hoher Blutdruck und Darmverschluß

1977, 1. – 6. April: Gastro-Enteritis und leichte Anämie.

Im Juni 1975 unterzog sich Presley im Mid-South Hospital in Memphis einer intensiven, zweitägigen Untersuchung seiner Augen. Damals wurde mitgeteilt, er leide an einer periodisch auftretenden Augenerkrankung. Jedoch fanden aufmerksame Journalisten in Memphis, die zwanzig Jahre lang jeden Schritt und Tritt des Idols verfolgt und festgehalten hatten, heraus, daß diese aktuelle Auflistung der Termine und Diagnosen nicht mit den Verlautbarungen übereinstimmten, die früher jeweils in Zusammenhang mit den Klinikaufenthalten gegeben worden waren. Im *Commercial Appeal* verglich Beth J. Tamke die Statements:

»Als Presley im Oktober 1973 in der Klinik war, wurde damals mitgeteilt, er müsse sich von einer Lungen- und Rippenfellentzündung erholen, die ihm seit etwa vier Monaten zu schaffen gemacht habe. Jetzt heißt es aber, Bluthochdruck sei der Grund für die damalige Einlieferung ins Krankenhaus gewesen.
Im Januar 1975 erklärte Dr. Nichopoulos, der Sänger würde sich einer medizinischen Generaluntersuchung unterziehen. Ein Sprecher der Klinik erklärte zur selben Zeit, Presley habe ein ›Leberproblem‹, das nicht durch Alkohol ausgelöst wurde. Es würden Tests vorgenommen, um der Ursache dieser Erkrankung auf die Spur zu kommen. Eine der Auswirkungen des Leberleidens sei das Anschwellen des Gesichts . . .
Gestern nun wurden Bluthochdruck und Megacolon als Erkrankungen genannt.«

Wenn Presley im Baptist Memorial Hospital war, lag er meist in einer Zwei-Zimmer-Suite im achtzehnten Stock des imposanten Hochhauses. Die Fenster waren mit Aluminiumfolie abgedeckt, um das Tageslicht fernzuhalten, da Presley als inzwischen hundertprozentiger Nachtmensch den Tag über schlief und kein natürliches Licht ertragen konnte. Selbstverständlich waren die Krankenzimmer rund um die Uhr von seinen Leibwächtern gesichert. Aber

Presley suchte auch andere Kliniken auf, außerhalb von Memphis. Er ließ sich dabei auch unter dem Namen seiner Angestellten registrieren. So wurden zum Beispiel kosmetische Gesichtskorrekturen mit Erfolg vor der Öffentlichkeit getarnt.

Es ist verständlich, daß in das Informationsvakuum um Presleys tatsächlichen Gesundheitszustand und die schlüssige Todesursache Vermutungen und Gerüchte gepumpt werden. So berichtet die Wochenzeitung »Bild am Sonntag«:

»Elvis Presley ist an seelischer bedingter Fettsucht gestorben. Indem er Berge von Frikadellen und Blaubeerpfannkuchen aß, suchte er nach Ersatzbefriedigung für verlorenes Liebesglück.
Das ist die Meinung des Hamburger Internisten Dr. Gottfried Langsch: ›Verhängnisvoll wirkte sich vor allem aus, daß sich Elvis Presley nach dem Trennungsschock hinter den Steinmauern seiner Luxusvilla von der Außenwelt abschloß. Das bedeutete Bewegungsmangel. Der Weltstar teilte das traurige Los so vieler Übergewichtigen: je dicker, desto weniger Bewegung. Je weniger Bewegung, desto schneller werden bereits wenige Kalorien – statt zu verbrennen – in Fett umgesetzt.«

So verkünden die Autoren des 1977 im Goldmann-Verlag erschienenen Taschenbuchs »Elvis Presley – The King«, Michael Preute und Renate Guldner:

»Elvis hatte – dies ist unsere Überzeugung – Krebs. Für uns kann nur diese Lesart gelten, weil in seiner unmittelbaren Umgebung gesagt wird, Elvis habe im Jahre 1974 eine Darmoperation durchgemacht, bei der ein Tumor entfernt wurde. Das ist beweisbar.«

Der einzige Kronzeuge, den sie für diese Behauptung anführen können, ist ein anderer Autor, Mike E. Rodger, der in seiner nach Elvis' Tod überarbeiteten, im Rauthenberg-Verlag herausgegebenen Presley-Biographie schreibt:

»Bei der Operation 1974 ist im Darmbereich ein Tumor gefunden und operiert worden. Das haben der Colonel und Exposito gewußt. Das weiß ich aus authentischer Quelle.«

Nun, so lange diese Quellen und Beweise ohne ersichtlichen Grund getarnt werden, müssen auch diese Feststellungen in den Bereich der Vermutungen und Gerüchte verwiesen werden.

Preute/Guldner kommen in die Nähe einer überzeugenden Erklärung, aber sie drehen vorher, die medizinischen Zusammenhänge mißachtend, ab. Sie schreiben:

»Ärzte, die ihn in seiner Show sahen, äußerten spontan: ›Er hat eine Überdosis Cortison im Leib.‹
Beweisen kann und konnte das keiner, es ist jetzt auch unwichtig. Elvis Presley war dick, aufgedunsen. Er zeigte das typische ›Vollmondgesicht‹, das typische ›Fett am Stamm‹, Symptome, die für Cortison sprechen. Um es kurz zu erklären: Cortison ist ein Hormon der Nebennierenrinde, also ein körpereigener Stoff. Das Hormon wirkt entzündungshemmend. Bei Überdosen werden Gesicht und Körper fett, die Hände bleiben zart. Das war es, was die Ärzte bei Presley sahen, obwohl niemand beweisen konnte und wollte, daß Elvis dieses Mittel bekam. Cortison – das als Zusatzinformation – macht den Patienten *high*, er fühlt sich wohl. Es macht aber auch süchtig.«

Erstens: Cortison macht nicht süchtig.
Zweitens: Cortison macht nicht *high*.
Drittens: Cortison bewirkt auch bei normaler Dosierung Gewichtszunahme, wenn es über einen längeren Zeitraum hinweg eingenommen wird.
Viertens: Cortison wird nicht zur Bekämpfung von Darmkrebs eingesetzt.

Doch der Hinweis auf Cortison ist richtig. Von hier führt die Spur direkt zu der Krankheit, an der Elvis Aaron Presley erkrankt war: Arthritis. Und zwar an einer sehr seltenen Form dieser unheimlichen Geißel, deren Erreger trotz intensivster Forschung noch unbekannt sind.

Um so genauer kennt man die bösen Erscheinungsformen: Gelenkentzündungen, Schwellungen, Verkrüppelungen, Versteifungen und – nie ganz nachlassende, teuflische Schmerzen, synchronisiert mit schweren Depressionsanfällen, die sehr oft Krankheitsschübe ankündigen. Die Aussichtslosigkeit, das Wissen, daß eine Heilung nicht möglich ist, bewirkt bei vielen an Arthritis

Erkrankten eine tiefe Wesens- und Charakterveränderung.

Ärzte können Arthritis nicht heilen, sondern nur versuchen, den Erkrankungsprozeß zu verlangsamen, Entzündungsherde einzudämmen und so Schmerzen zu lindern. Selbst chirurgische Eingriffe schaffen in den meisten Fällen nur vorübergehende Besserung.

Für die medikamentöse Behandlung von Arthritis stehen hauptsächlich drei Präparate, beziehungsweise pharmazeutische Produktgruppen zur Verfügung: Aspirin, goldhaltige Emulsionen und Cortison. (Cortison ist auch das bevorzugte Medikament gegen *Lupus erythematodes*.)

Ärzte und Laien, die Presleys feistes Erscheinungsbild auf die regelmäßige Einnahme von Cortisonpräparaten ganz oder zumindest teilweise zurückführen, dürften richtig liegen. Presley war seit Jahren an Arthritis erkrankt. Er wurde unter anderem in Memphis in der Praxis eines renommierten Fachärzteteams behandelt. Dem Autor sind Namen und Adresse bekannt. Ein Versprechen verbietet, jedenfalls zu diesem Zeitpunkt, die Bekanntgabe, nicht zuletzt, weil einer dieser Ärzte kein Hehl aus seiner Überzeugung macht, daß es im Falle Presley ein Komplott zur Vertuschung medizinischer Sachverhalte gibt.

Es ist auch bekannt, daß sich Presley durch Akupunkturbehandlung Heilung, zumindest Schmerzlinderung erhoffte. Und es gilt als erwiesen, daß dabei besonders von Ärzten in Kalifornien verhängnisvolle, gefährliche Methoden angewandt wurden. Und zwar wurden zur Akupunktur Injektionsnadeln verwandt und in die Akupunkturpunkte schwere und schwerste Betäubungsmittel gespritzt: Nach Auskunft von Dieter Bochow, der »rechten Hand« des Akupunkturspezialisten Köhnlechner, zwar ein therapeutischer »Schmarren«, aber ein Schmarren mit gefährlichen Auswirkungen.

Um Presleys allgemeine physische Konstitution während seines letzten Lebensabschnittes beurteilen zu können, darf man seine Eßgewohnheiten – seine Freßsucht auf der einen, seine Diätwut auf der anderen Seite – nicht außer acht lassen. Ziemlich übereinstimmend berichten Freunde und Freundinnen, daß Presleys Ernährung chaotisch war. Linda Thompson, von 1972 bis 1976 seine Lebensgefährtin mit Wohnsitz im *Graceland Mansion*, verriet am 24. Oktober 1977 in einem einstündigen Fernsehinterview dem ABC-Talkshow-Gastgeber Stanley Siegel, daß Presley zum

Beispiel tagelang nur Eiskrem verschlungen habe, bis zu 24 Portionen pro Tag. Nichts weiter. Er teilte Frauen und andere Freuden mit Freunden, aber Torten nicht. Die futterte er – auf einen Satz – allein. Stand ein wichtiger Auftritt bevor, machte er Diät und verlor bis zu fünfzehn, zwanzig Kilo in wenigen Tagen. Mit Hilfe von Appetithemmern. Mit Drogen. Linda glaubt übrigens, daß Presley während der Militärzeit begonnen habe, Pillen zu schlucken. Elvis habe ihr gestanden, ein Sergeant der Army habe ihn zu stimmungsregulierenden Medikamenten verführt. »Er nahm auch Schlaftabletten«, sagte sie.

Bill E. Burk hat sie am 18. August 1977 erklärt: »Er arbeitete in einem Hochdruckjob. Viele Leute in diesem Geschäft nehmen Schlaftabletten, auch Elvis. Er nahm Demerol gegen Schmerzen, aber es war immer verschrieben. Er sagte: ›Arznei ist schließlich dazu da, daß man sie nimmt.‹ Elvis konnte Schmerzen nicht ertragen. Für alles, was er nahm, hatte er ein Rezept. Bei dem Druck, dem er ausgesetzt war, brauchte er einfach Schlaftabletten. Manchmal nahm er auch Aufputschmittel, Amphetamine. Dann habe ich ihm gesagt, daß ich das nicht mag.«

Nicht nur physisch, körperlich hatte sich Presleys Zustand im Lauf der letzten Jahre verschlechtert; auch seine seelische, emotionale Verfassung war offensichtlich zerrüttet. Lebensüberdruß, Lebensangst scheinen mit schweren Depressionen verbunden gewesen zu sein. Mehrere Zeugen berichten von hemmungslosen Weinkrämpfen. Der amerikanische Schriftsteller Richard S. Mann behauptet in seinem Ende 1977 von dem religiösen Verlag *Bible Voice* veröffentlichten Buch »Elvis«, daß der Sänger in den Tagen vor seinem Tod verzweifelt einen Weg zurück zu Gott gesucht habe. Er sei von dem Gedanken, sich von seiner christlichen Erziehung entfernt zu haben, gefoltert worden:

»Elvis hat sich im Kampf zwischen Elvis dem Guten und Elvis dem Schwachen aufgerieben. Es war ein gigantischer Kampf der beiden Seelen in seiner Brust. Seine Seele war in Aufruhr. Auf der einen Seite ständig Mädchen, Drogen, Orgien, Widerlichkeiten und dann, auf der anderen Seite, der Wunsch, Frieden mit seinem Gott zu machen. Es ist leicht möglich, daß dieser Konflikt seinen frühen Tod erklärt.«

Mann berichtet in seinem Buch auch von einem Besuch des bekannten Predigers Rex Humbard und dessen Frau Maude Aimee im Dezember 1976 in Presleys Garderobe, nach einer Vorstellung im *Las Vegas International Hotel*. In dieser halben Stunde soll Presley laut Reverend Humbard »nur von Gott gesprochen haben, von nichts anderem«. Er berichtet:

»Plötzlich habe ich bemerkt, daß Tränen in Elvis' Augen standen. Ich habe seine beiden Hände in meine genommen und gesagt: ›Elvis, ich will für dich beten.‹ Er sagte: ›Ja, bitte‹ und begann zu weinen, zu schluchzen. ›Christus erlöst uns doch, nicht?‹ fragte er und: ›Es wird doch nicht mehr lange dauern?‹«

Während desselben Zusammentreffens fragte Presley den Geistlichen: »Ich besitze Geld, ja Ruhm, und ich habe Verehrer. Warum bin ich der ärmste Mann auf dieser Welt?«

»Beichtvater« Humbard gab Richard S. Mann folgende Zusammenfassung: »Ich bin sicher, daß Presley von Zeit zu Zeit Gott gefallen und tun wollte, was gut ist. Aber er war nie bereit, den Preis dafür zu bezahlen. Es gab ganz einfach zu vieles, das er dafür hätte aufgeben müssen.«

»Elvis hat wie ein Kind geweint, als ich das letzte Mal mit ihm gesprochen habe«, offenbarte Dee Presley in dem bereits erwähnten *Midnight Globe*-Interview. Das Telefongespräch zwischen ihr, seiner Stiefmutter und Elvis fand eine Woche vor dem Tod des Sängers statt. Hauptthema war die bevorstehende Scheidung seines Vaters.

»Dee, ich wünschte, Daddy und du hättet einen anderen Ausweg gefunden«, sagte er. »Aber wenn es schon sein muß, dann hoffe ich doch, daß es nicht zu einer Gerichtsverhandlung kommt.«

Dee Presley berichtet, daß Presley beinahe während der gesamten Unterhaltung geweint habe: »Die ganze Familie bricht auseinander und ist in alle Winde verstreut, und das macht mich ganz verrückt.«

Er sprach unzusammenhängend, wirr, von Weinkrämpfen unterbrochen, erinnert sich Dee Presley. »Ich hatte ehrliche Sorge um ihn. Ich habe gefühlt, daß er krank war.«

Die Scheidung seines Vaters lastete schwer auf Presley. Er

konnte sich unschwer die Folgen ausmalen. Es war ihm bislang gelungen, den Sachverhalt geheimzuhalten. Selbst seine »Mafiosi« hatten keine Ahnung, daß die Ehe von Papa Presley mit der blonden Dee, die er in Deutschland dem Army-Sergeanten Stanley ausgespannt hatte, in die Brüche gegangen war. Aber wie lange würde es sich noch verheimlichen lassen, daß seine Stiefmutter, die drei Söhne – David, Billy und Ricky – mit in die Ehe gebracht hatte, seinen Vater beschuldigte, seit drei Jahren ein Verhältnis mit einer einunddreißigjährigen Frau zu haben und deshalb die Scheidung eingereicht hatte? Und welche Dimensionen würde das Schmutzige-Wäsche-Waschen annehmen, wenn Dee weiter behauptete, daß die dreijährige Tochter ihrer Konkurrentin ein leibliches Kind Vernons sei – und damit in der Presley-Erbfolge einen vorderen Platz einnehme? Ein Skandal! Ein weiteres grelles Schlaglicht in die Welt von *Graceland Mansion*, die so heil nicht schien, wie es Parkers Publicity-Patrouillen so viele Jahre lang der ganzen Welt hatten glauben machen können.

Kommentar von Sam C. Phillips, der den Lastwagenfahrer Presley entdeckt und in seinem Sun-Record-Studio die ersten Platten mit dem Neunzehnjährigen aufgenommen hat:

»Presley war in seiner selbstgebauten Falle gefangen. Er stand auf dem hohen Podest, für sein Publikum weithin sichtbar, aber auch ohne jeden Kontakt zu anderen Menschen. Es hätte ihm jemand helfen müssen, das ganze verdammte Geld, den verdammten Ruhm zu vergessen. Ich will keinen persönlich angreifen, aber ich bin felsenfest davon überzeugt, daß Presley zum Schluß gar nicht mehr gewußt hat, was tun.

Ich glaube, Elvis war sehr leicht verletzbar. Warum hat er sich von seinen Freunden getrennt, sich selbst in einen sozialen Kokon eingewoben? Es ist ein teuflischer Kreislauf ... Am Anfang ist man stolz auf den Erfolg. Und man sagt sich: ›Gott, ich tue alles, um oben zu bleiben.‹ Und dann erwischt man sich bei dem Gedanken: ›Ich weiß ja, daß alles irgendwann, vielleicht sogar bald, vorbei ist, und bis dahin muß ich das Spiel mitspielen, dem Image treu bleiben. Ich bin vergänglich, aber ich kann nicht zulassen, daß die Leute merken, daß ich vergänglich bin.‹ Doch es gibt eben keine Insel für einen allein.

Man hat diesen Burschen von den Freuden des normalen

Lebens abgeschnitten.

Ich weiß, woher er kam, und auch, daß er ernster und nachdenklicher war, als die meisten annahmen. Ich habe vor einiger Zeit mit seinem Arzt gesprochen, und der hat mir erzählt, daß Elvis Schlafstörungen habe; und ich habe ihm gesagt: ›Dieser Mann, Gott sei ihm gnädig, soll den ganzen Imagekrampf vergessen, und – wenigstens in seiner Heimatstadt – tun und lassen, was ihm Spaß macht. Er soll sich sehen lassen, auf die Straße gehen.‹ Vielleicht hätte er am Anfang ein paar Aufpasser gebraucht, aber das hätte sich gegeben.

Ich lasse mir nicht ausreden, daß er heute noch am Leben wäre, wenn das geschehen wäre ... Ich glaube, daß es ohne weiteres möglich ist, an gebrochenem Herzen zu sterben ...«

Die Zeitschrift *Crawdaddy* zu diesem Thema:

»Sie sagen, er starb an einem Herzinfarkt, aber der Bericht des Amtsarztes ist geheim. Es war sicher eine Sache von zu vielen Pillen und zu vielen Pastetchen. Aber dies wiederum waren nur die Symptome für ein gebrochenes Herz. Also ist der offizielle Bericht – in diesem Sinne – doch korrekt.«

Das deutsche Magazin *Musik-Joker* berichtet in seiner Serie »Elvis – das war sein Leben«, daß »E«, wie ihn seine Kumpane nannten, kurz vor dem 16. August die in London lebende Schauspielerin Suzanne Leigh, die in Hollywood zu seinen Partnerinnen gehörte, um Mitternacht angerufen habe, und zitiert wörtlich:

»Es war Elvis. Seine Stimme klang alt und krank. Solche Anrufe wären früher undenkbar gewesen. Er hat nie jemand mit seinen persönlichen Problemen belästigt. Aber dieses Mal mußte es ihm sehr schlecht gehen. Er sagte, er habe unerträgliche Schmerzen, und es ginge wohl mit ihm zu Ende. Er könnte kaum noch Luft kriegen ...«

Joker-Autor Ingo Seiff kommentiert:

»Das muß man sich mal vorstellen: einer der größten Popmusikstars aller Zeiten muß ein Telefonat um den halben Erdball führen, um jemand sagen zu können, daß es mit ihm zu Ende geht.«

Die blonde, bildhübsche Linda hat die fünf Jahre mit Elvis Presley um ein kleines Vermögen reicher, aber gesundheitlich offensichtlich ohne Schaden überstanden. Hebler und die West-Boys erinnern sich an ein nettes, unverdorbenes Mädchen, das sie taktvoll, den wirklichen Namen verschweigend, Jane Robertson nennen. »Wenn sie einen Fehler hatte, dann einen, den sie mit Millionen Frauen teilte: vernarrt in Elvis Presley zu sein.«

Das Idol entdeckte die kleine »Jane« während einer Vorstellung im Frühjahr 1971 im *Sahara Club Casino* in Lake Tahoe. Er ließ seine Betreuer ausschwärmen und die kleine, naive Unschuld aus der Provinz zu einer Privataudienz in seine Hotelsuite bitten. Die Mutter scheint ebenso perplex gewesen zu sein wie die geschmeichelte Tochter, denn sie fuhr allein in ihr Nest zurück. Jane blieb bei Elvis. Nicht nur die eine, sondern viele Nächte. Sie wurde für eine Weile sein Lieblingsspielzeug. Sie bekam die üblichen Geschenke, die sie nicht unbedingt wollte – für sie war King Elvis Erfüllung ihrer Träume genug –, die sie aber auch nicht ablehnte.

Sie lehnte natürlich auch nicht ab, als ihr der Herzensbrecher ab und zu mal ein Pillchen oder Pülverchen gab.

War ihr großer Freund im Umgang mit den Schätzen aus seinem Medizinschrank erfahren, so kannte Jane weder Grenzen noch Gefahren. Ein Fehler, den sie um ein Haar mit dem Leben bezahlt hätte.

Elvis hatte mit Sonny West, Charlie Hodge und Jane einen Ausflug zu seinem Haus in Palm Springs unternommen. Sie blieben über Nacht. Während andere Liebespaare sich mit einer Flasche Champagner oder Bourbon ins Schlafzimmer zurückziehen, öffnete Presley eine Flasche Hycadan, ein gelegentlich von Ärzten gegen schweren Husten und Atembeschwerden verordnetes Medikament. In größeren Mengen als vorgeschrieben eingenommen, ist es ein gefährliches Narkotikum.

Am nächsten Morgen, als Elvis Presley und seine Begleiterin auch am frühen Nachmittag nicht zum Frühstück auftauchten, entschlossen sich die Aufpasser, in Presleys siebten Hycadan-Himmel einzudringen. Es war für sie nicht schwer, die Situation zu erkennen. Während Presley, so erinnerte sich Sonny West, alle fünf Sekunden einmal tief und lang atmete, war bei Jane keine regelmäßige Atmung mehr festzustellen. Sonny wörtlich:

»Ich öffnete Janes Augen. Sie starrten unbeweglich wie Glasmurmeln. Und dann dieses Röcheln. Sie atmete kaum mehr. Es hörte sich an wie das Stöhnen eines Menschen, der erwürgt wird. Ich öffnete ihre Augen noch einmal, und sie waren weiß. Ich schlug ihr ein paarmal ins Gesicht, hart, keine Reaktion. Gott, hatte ich Angst. Ich schrie nach Charlie Hodge: ›Charlie, schau, daß du schnell einen Doktor erreichst. Elvis und dem Mädchen geht es wirklich miserabel.‹«

Ein paar Minuten später war ein Arzt herbeigeschafft, der nach einer Blitzuntersuchung befahl: »Es muß sofort ein Krankenwagen her ... Das Mädchen hier stirbt ... Wir dürfen keine Zeit verlieren.«

Elvis Presley, der langsam aus seinem Medikamentenrausch erwachte, lallte: »Langsam, Doktor, sie wird schon wieder. Geben Sie ihr einen Schuß Ritalin. Ich sage Ihnen, das bringt sie wieder auf die Beine.«

Der Arzt hörte nicht auf ihn.

»Es ist nur Hycadan. Sie hat es getrunken wie Wasser. Geben Sie ihr Ritalin, und alles ist o. k.«

Das Mädchen wurde abtransportiert und kam sofort auf die Intensivstation. Charlie Hodge und Sonny, die der Ambulanz gefolgt waren, warteten auf das Resultat. Der Arzt, den die beiden Wächter Dr. X nennen, schickte sie später nach Hause: »Das Mädchen ist in sehr schlechter Verfassung ... Ich will ehrlich sein, ich kann nichts versprechen. Ich werde Sie anrufen, wenn sich was ändert ...«

Elvis wollte nur wissen: »Was Neues?«

Charlie berichtete: »Der Doktor weiß noch nicht, ob sie leben oder sterben wird.«

Elvis antwortete ungehalten: »Ich habe dem Mädchen gesagt, sie soll nicht so viel trinken. Sie ist behämmert.«

Die Geschichte ist abzukürzen. Jane gewann den Kampf gegen den Tod. Sie wurde nach einiger Zeit aus dem Krankenhaus entlassen und fuhr zu ihrer Mutter. Elvis hat sie nie mehr gesehen. Er ließ die Sache natürlich regeln, Krankenhauskosten, etcetera.

Schweigegeld mußte er in diesem Fall keines investieren, denn Jane und ihre Mutter verzichteten auf Öffentlichkeit und Justiz. Sie wollten Elvis' Ansehen, sein Image nicht zerstören.

Einige Zeit später entdeckte Sonny das Mädchen und seine Mutter im Publikum in Las Vegas. Sie wollten ihr Idol wieder auf der Bühne erleben. Sonny fand heraus, daß sie sich ein Zimmer nicht leisten konnten und im Wagen übernachten wollten. Er und Joe Esposito brachten sie im *Hilton* unter.

Jane gestand bei dieser Gelegenheit mit Tränen in den Augen: »Ich bin ihm ja gar nicht böse. Es war alles meine Schuld.«

Bemerkt Sonny: »Was und wie immer es passiert ist, damals, als sie die Überdosis schluckte – es hat ihre ganze Persönlichkeit verändert. Sie hatte nicht mehr das herzliche Lachen, das Schulmädchenkichern. Sie schien gedankenversunken, still und in sich gekehrt. Für sie war alles vorbei. Ich bin kein Arzt, aber die Erfahrung hat dieses Mädchen total umgedreht. Und trotzdem liebte sie Elvis anscheinend immer noch . . .«

Es gibt kein Kapitel in der Lebensgeschichte des Superstars Elvis Presley, bei dem Wunschbild und Wirklichkeit weiter auseinanderklaffen, bei dem die Zerstörung seiner Persönlichkeit durch Erfolg und Reichtum deutlicher wird als bei seinem Verhältnis gegenüber Frauen. Sex, Sex-Appeal, war ein wesentlicher Bestandteil der unheimlichen Faszination, die er schon als Anfänger, aber auch als etablierter Entertainer auf Frauen ausübte. Colonel Parker soll zu Beginn ihrer Zusammenarbeit seinem unerfahrenen Schützling gesagt haben: »Bleibt du talentiert und sexy, ich mach' die Geschäfte, die uns reicher machen werden als Maharadschas.«

Waren es Mitte der fünfziger Jahre fast ausschließlich Teenager, die seiner erotischen Ausstrahlung zum Opfer fielen, verloren später auch Damen im besten Alter und in den besten Verhältnissen bei seinem Anblick, in seinen Vorstellungen, derart die Fassung, daß sie verzückt und verrückt ihre Höschen auszogen und auf die Bühne schleuderten.

Aber dies war nur eine Seite des Schaugeschäfts: Business. Seine Körperzuckungen, zuerst unbewußt und ursprünglich, wurden später, von ihm und seinen Betreuern als wirkungsvoll erkannt, kühl kalkulierte Effekte.

Aber der private Presley war in Sachen Sex ein Saubermann. Kaum eine Ecke des Bildes, das sich die Öffentlichkeit von ihm machen sollte, pinselte Manager Parker sorgfältiger. Presley war der nette Junge von nebenan. Der ideale Schwiegersohn, von dem alle Mütter träumten. Zeitungsmeldungen, wonach er intime Beziehungen zu Filmpartnerinnen habe, wurden regelmäßig als Produkte der Phantasie, als garstige Gerüchte von Neidern und journalistische Schmierereien abgetan. Mehr als nette, harmlose Flirts, ein Küßchen für die Fotografen in Hollywood, war nicht drin.

Später, nach der Hochzeit mit Priscilla Beaulieu, wurden die Fans mit dem braven, arbeitsamen Ehemann und nach der Geburt seiner Tochter Lisa Marie mit dem aufmerksamen, liebenden Vater vertraut gemacht. Charakteristisch ist ein Satz aus einer Lifestory, die von seiner Schallplattenfirma verteilt wurde: »Er lebt in klösterlicher Abgeschiedenheit mit seiner Frau und seiner einjährigen Tochter.«

Der einzige Fleck auf der weißen Weste des Idols war die Scheidung von Priscilla. Da sie aber diszipliniert und ohne böse Begleiterscheinungen abgewickelt wurde – beide Partner überboten sich auch nach vollzogener Trennung mit Freundlichkeiten und respektvollen Statements –, hielt sich die negative Stimmung in Grenzen. Priscilla ging in ihrer Rolle als verantwortungsbewußte Mutter auf, Elvis wurde der einsame Prinz auf Schloß *Graceland*.

Obwohl Presley und seine treuen Vasallen Meister der Tarnung geworden waren, das Versteckspiel mit Leidenschaft, generalstabsmäßiger Planung und unter Einsatz hoher Geldmittel betrieben, wurde in den letzten Jahren vor seinem Tod die Mauer der Verschwiegenheit stellenweise brüchig. Elvis selbst hatte sich gelegentlich nicht mehr total unter Kontrolle. Die jahrelange Affäre mit Linda Thompson wurde bekannt. Daß ihr Platz im goldenen Käfig schnell von Ginger Alden eingenommen wurde, ließ sich nicht verheimlichen und löste besonders im moralbewußten Süden Stirnrunzeln aus.

Aber alles in allem war Elvis Presley im Sommer 1977 ein aufrichtiger, anständiger Amerikaner, der selbst von der Vorsitzenden des strengsten Frauenklubs in USA ohne Bedenken akzeptiert werden konnte. Niemand wäre auf die obszöne Idee gekommen, ihn etwa mit Roman Polanski oder mit anderen Skandalathleten Hollywoods zu vergleichen.

Dabei hat Elvis Presley viele Jahre lang sämtliche Moralgesetze, nicht nur die seiner sittenstrengen engeren Heimat, verhöhnt. Daß er dabei die eindeutigen Strafgesetze des Staates Tennessee immer korrekt beachtet hat, darf bezweifelt werden. Wenn je das Bild vom Wolf im Schafspelz auf jemanden zugetroffen hat, dann auf Elvis Presley.

Er war von seinen Eltern nach religiösen und gesellschaftlichen Grundsätzen der Südstaaten erzogen worden. Dazu gehört der Respekt vor Erwachsenen und Respektierung der geschriebenen und ungeschriebenen Gesetze im Umgang mit dem anderen Geschlecht. Auch heute noch ist es für die Väter und Mütter geachteter und intakter Familien unakzeptabel, daß ihre Kinder vor der Ehe sexuelle Beziehungen haben. Die Tatsache, daß sich die jüngere Generation nicht mehr sklavisch an die überlieferten Moralvorstellungen hält, ist zwar bekannt, das heißt aber nicht, daß sie akzeptiert wird.

Die Biographen Presleys sind in der Lage, ziemlich exakte Angaben über seine Kindheit, seine Schulzeit, die ersten Jobs zu machen. Bis auf den Cent genau ist sein Wochenlohn als Lkw-Fahrer bekannt, ebenso Tag und Stunde seiner ersten Plattenproduktion. Und so weiter. Aber über seine »erste Liebe«, Teenager-Romanzen, zärtliches Händchenhalten fehlt jeglicher Hinweis: für ein Land, ein Geschäft, in dem solche harmlosen Sentimentalitäten eigentlich immer hoch im Kurs stehen, eine Überraschung.

Wieder scheint Red West die zuverlässigste Informationsquelle. Von allen Mitgliedern der »Memphis-Mafia« kennt er Elvis am längsten. Beide kommen sie aus derselben sozialen Schicht, die elterlichen Wohnungen lagen nur einen Steinwurf voneinander entfernt, und der rothaarige, breitschultrige Red war Presleys engster Schul- und Sportsfreund und später sein erster »ständiger Begleiter«. Es ist sicher die Wahrheit, wenn er heute sagt: »Elvis war damals, 1954, ein ziemlich scheuer Bursche.«

Red erinnert sich an ein Techtelmechtel mit Anita Carter, einer bildhübschen Sängerin der Hitgruppe *Mother Maybelle and the Carter Sisters*, die gelegentlich zusammen mit Presleys Gruppe engagiert war. Presley schwärmte für die kesse Kollegin, aber wenn sie in seiner Nähe war, »benahm sich Elvis wie ein ungeschicktes Kind mit sechs Beinen«.

Während einer gemeinsamen Veranstaltung in Florida wurde es Elvis während seines Auftritts übel. Er hatte offensichtlich Gleichgewichtsstörungen, konnte keinen zusammenhängenden Satz mehr sprechen und torkelte von der Bühne, direkt in die Arme von Anita Carter, die in der Seitenkulisse wartete. In ihren Armen wurde Elvis ohnmächtig. Bis der alarmierte Arzt eintraf, der ihn sofort ins Krankenhaus transportieren ließ, hielt Anita, auf dem Boden sitzend, seinen Kopf in ihrem Schoß und streichelte ihm besorgt Schläfen und Stirn. Die Ärzte in der Klinik schickten Presleys Musiker und Red West mit der Versicherung weg, sie würden sich melden, wenn die Untersuchungen abgeschlossen wären. Sie verbrachten einige Stunden niedergeschlagen in Wests Motelzimmer. Nachts um ein Uhr tauchte Presley auf, putzmunter. Alle Fragen seiner Freunde blockte er mit dem Hinweis ab, es ginge ihm jetzt wieder gut, aber er sei todmüde. Später, als die Jungs verschwunden waren, gestand Elvis Red, bis über beide Ohren grinsend, daß er den Ohnmachtsanfall, das ganze Theater nur gespielt habe, um seinen Kopf in Anitas Schoß legen zu können.

Sechs Monate später revanchierte sich Anita, wieder während einer gemeinsamen Show in Memphis. Diesmal erlitt *sie* einen mysteriösen Ohnmachtsanfall, und es war Elvis, der sie auffangen mußte. Überflüssig anzufügen, daß auch ihr nichts fehlte als ein bißchen Mut, ihre Gefühle offen zu zeigen.

»Sie waren beide zu blödsinnig schüchtern«, erinnert sich Red. »Keiner tat den entscheidenden Schritt. Sie hatten nie etwas zusammen. Wir waren damals alle altmodisch, und Elvis war der altmodischste von uns.«

Heute ist Anita Carter übrigens mit Johnny Cash, dessen Karriere zusammen mit der Presleys begann, verheiratet.

»Er war nicht nach Mädchen verrückt«, erklärt West, »er war nur besessen davon, als Sänger Erfolg zu haben, seiner Mutter zuliebe; das war ihm wichtiger, als mit allen Mädchen zu schlafen, die herumliefen. Er glaubte an sein Talent, und er glaubte an ein sauberes Leben. Er wurde wütend, wenn die Jungs in seiner Begleitung fluchten, wenn Frauen anwesend waren. Er fand es widerwärtig, wenn sich jemand aus seiner Umgebung mit verheirateten, ja sogar geschiedenen Frauen einließ.«

Die Zeiten und die Einstellung zu gewissen Dingen änderten sich. Kein Wunder, denn die Frauen warfen sich Presley reihenweise an die Brust. Presley gewann an Selbstvertrauen und wurde sich seiner Wirkung bewußt, und nicht nur auf der Bühne: »Es wurde ihm langsam klar, daß Frauen genauso gern ins Bett gehen wie Männer.«

Nachdem er diese Erkenntnis gewonnen und festgestellt hatte, wie leicht die Mädchen zu bekommen waren, verlor er schnell seine Zurückhaltung, und seine Begleiter konnten manchmal gar nicht so schnell die Mädchen auftreiben, wie sie verbraucht wurden: »Wir schleusten sie durch seine Schlafzimmer, zwei, manchmal auch drei pro Tag. Der Bursche hatte damals eine ungeheure Kondition.«

Neben diesem sexuellen Massenkonsum leistete sich Presley nach seinem Senkrechtstart nur zwei feste Freundinnen: Dixie Locke und Anita Wood, hübsche, charmante Südstaaten-Schönheiten, *Southern Belles.*

Es ist für die Personenbeschreibung Presleys nicht notwendig, eine Art intimer Buchhaltung aufzustellen. Nicht die sexuellen, physischen Quantitäten sind aufschlußreich und interessant, sondern die Qualität seines Verhaltens, seiner maskulinen Manieren.

Aus allen diesbezüglichen Geständnissen und Schilderungen ergibt sich ziemlich sicher, daß Presley Affären und Verhältnisse – ob sie nun eine Nacht oder einige Jahre andauerten – nicht persönlich begann. Es gehörte zu den vornehmsten Pflichten seiner Mafiosi, ihm die Damen zuzuführen. Gelegentlich wurden sie vom Chef gezielt angesetzt, aber in den meisten Fällen suchten sie aus dem immer reichhaltigen Angebot das Passende aus.

Der »König« hatte in seiner selbstgewählten Isolation gar keine Möglichkeit, »normale« Menschen kennenzulernen. Er war der gemeinen Gesellschaft weiter entrückt als der heilige Dalai-Lama. Der Vergleich mit den Sitten und Gebräuchen römischer Kaiser oder barocker Fürsten und der Routine am Hof des Rock 'n' Roll-Regenten ist nicht nur literarisch lustig, sondern stimmt bis in Details. Warfen die absoluten Herrscher früherer Zeiten ein Auge auf Ballerinen und Schauspielerinnen, so schmückte Seine Exzellenz Elvis der Erste sein Heim mit Schönheitsköniginnen und Film-Beautys.

Und die Reaktion der Damen auf die schnellen und eindeutigen Angebote war offensichtlich jeweils die gleiche. Verwaschene Blue jeans fielen in *Graceland Mansion* ebenso schnell wie damals die Krinolinen. Hin und wieder auftauchende Anfangsschwierigkeiten wurden mit protzigem Gehabe und prachtvollen Gaben schnell überbrückt. Presleys Juwelen und Cadillacs standen im Wert den Aufmerksamkeiten der Feudalherren nicht nach.

Selbstverständlich waren auch die Abfindungen für etwas längere Dienstzeit fürstlich, wenn es sein mußte, auch schon mal ein eleganter Bungalow.

Lassen wir ein paar von Presleys Paradiesvögeln zu Wort kommen.

Zum Beispiel Diana Goodman, »Miss Georgia 1975«, die ihre Geschichte dem Chefredakteur der Zeitschrift *National Tattler* berichtete. In seinem Vorwort schrieb Ayres:

»Millionen Mädchen träumen davon, Elvis Presleys Freundin zu sein. Für *ein* Mädchen wurde der Traum Wirklichkeit. Einen märchenhaften Monat lang wurde Diana Goodman in Elvis' Welt aus Glitzer und Glamour geweht.«

Diana Goodmans »Märchen« begann in Memphis:

»Ich traf Elvis zum erstenmal im Juni 1975, kurz nachdem ich an der Wahl zur »Miss USA« teilgenommen hatte. Ich war nach Memphis gefahren, um mich um einen Job als Modell zu bewerben. Den Job habe ich nicht bekommen, aber die Reise hat sich trotzdem mehr als gelohnt. Die größte Touristenattraktion in Memphis ist *Graceland Mansion*, wo Elvis Presley lebt, wenn er nicht auf Tournee ist. Zu jeder Tages- und Nachtzeit sind vor dem Hauptportal einige hundert Fans versammelt. Wie viele andere Memphis-Reisende entschloß ich mich, Elvis' Haus zu besuchen, ehe ich wieder abfuhr. Vor dem Tor kam ich mit einem Mann ins Gespräch. Es stellte sich heraus, daß er einer von Elvis' Leibwächtern war.

Ich fragte ihn, ob Elvis zu Hause sei. ›Ja, klar ist er da.‹ Er fügte hinzu, er wolle prüfen, ob ich ihn sehen könne, und bat mich, hereinzukommen. Im Haus wurde mir mitgeteilt, Elvis wolle nicht gestört werden, ich müsse eine Weile warten. Mein Traum hatte sich zu 99 Prozent bereits erfüllt. Ich war in Presleys Haus, und er selbst war zugegen.

An diesem Abend lernte ich ihn kennen. Er fragte mich, ob ich Lust hätte, einen Film anzuschauen. Er würde einige seiner Freunde zu einer Privatvorführung einladen, und ich könne mitkommen. Im Kino waren Elvis, seine langjährige Freundin Linda Thompson und eine Anzahl von Leibwächtern. Elvis hatte das Theater für die Mitternachtsvorstellung gemietet, wir waren ganz unter uns.

Wir sahen drei Filme. Einen Peter-Sellers-Film, einen Film mit Charles Bronson, und an den dritten kann ich mich nicht mehr erinnern. Elvis hatte alle Filme bereits gesehen. Ich erfuhr, daß er sehr oft Filme zuerst allein ansah und dann seine Freunde dazu einlud und ihnen dabei dauernd die Story erklärte. So war es auch an diesem Abend. Er erzählte unentwegt, was in der nächsten Szene passieren würde. Elvis war den ganzen Abend in prima Stimmung. Er ist wirklich ein großer Kino-Fan.

Es war ungefähr sechs Uhr morgens, als wir das Filmtheater verließen. Wir fuhren alle in Elvis' Haus zurück. Einer seiner Angestellten brachte mich dann in mein Hotel.

Ich flog noch am selben Tag nach Los Angeles, um einen Agenten zu finden. Ich möchte gern Schauspielerin werden und als Fotomodell arbeiten. Kurz nachdem ich in Los Angeles angekommen war, rief mich Elvis aus Memphis an. Das war nur zwei Tage nach unserem Sechs-Stunden-Rendezvous im Kino. ›Ich breche gerade zu einer Tournee auf‹, sagte er. ›Hättest du Lust, mit mir zu kommen?‹

Ich versuchte, blasiert und abgeklärt zu wirken, als ich zusagte. Aber ich mußte mich verhört haben. Ich, Diana Goodman aus Forest Park in Georgia, sollte mit Elvis Presley auf Tournee gehen? Mit dem Idol, von dem ich noch 48 Stunden zuvor nur geträumt hatte? Ich war außer mir vor Erregung.

Elvis schickte ein Privatflugzeug, das mich in Los Angeles abholte. Wir trafen uns in Connecticut. Ich blieb mit ihm bis Ende Juli zusammen, in Connecticut, Ohio, New York, Virginia, Nord- und Süd-Carolina. Wir reisten in seinem Privatjet, begleitet von den immer gegenwärtigen Bodyguards. Das Spiel ›Wer-ist-das-blonde-Mädchen-bei-Elvis‹ begann. Es war ein Spaß, den Elvis und ich genossen. In den Wochen, die ich mit Elvis verbrachte, habe ich eine Menge über ihn erfahren, Seiten an ihm kennengelernt, die zu sehen den meisten Menschen nicht vergönnt ist.

Er scheint Kleinstadtmädchen oder Mädchen vom Lande zu bevorzugen. Auf mich traf das zu, ich bin auf einer Farm aufgewachsen. Sheila Ryan aus Chicago ist das einzige Mädchen in seinem Leben, das ich kenne, das eine Ausnahme bildete. Sie war Elvis' Freundin, bevor er mich kennenlerne.

Elvis hatte viele Mädchen, von denen niemand etwas weiß. Aber er verriet mir, daß ich der erste ›Fan‹ sei, mit dem er sich getroffen habe.

Vielleicht sollte ich noch ein Wort zu Linda Thompson anmerken, die in den letzten Jahren ein Teil seines Lebens war. Die beiden sind gute Freunde. Sie haben ein Kumpelverhältnis. Linda ist immer da, wenn er sie braucht – und umgekehrt. Wenn mehr daran gewesen wäre, wären sie verheiratet. Wenn wir drei zusammen waren, war ich seine Geliebte, Linda seine Freundin. Übrigens, Linda hat andere Männer, genauso wie Elvis andere Mädchen hat.

Wir trennten uns in Asheville. Ich fuhr zurück nach Georgia, und er kehrte nach Memphis heim. Ich habe ihn noch einmal angerufen, als er im Krankenhaus lag, aber ich traf ihn nie mehr.

Was immer mit mir geschieht, ich glaube nicht, daß es für mich je etwas Schöneres geben wird als den Traumsommer, in dem ich Elvis' Girl sein durfte.«

Diese Geschichte ist um einiges gekürzt. Sie gestattet einen Einblick in die Mechanismen, die den Presleyschen Mädchenmarkt bestimmten. Dennoch hätte sie als Einzelstory nicht die notwendige Aussage- und Beweiskraft.

Linda Thompson, attraktive »Miss Tennessee«, die von 1972 bis 1976 Presleys »Hauptfrau« war und in dieser Zeit in *Graceland Mansion* Tisch und Bett mit ihm teilte, gab sich in dem bereits erwähnten einstündigen Fernsehinterview mit Stanley Siegel ziemlich offen, nachdem sie bis dahin nur die für Presley-Freunde typischen, programmierten Artigkeiten und Belanglosigkeiten zum Thema beigesteuert hatte:

»Ich lernte Elvis an einem Donnerstag im Juli 1972 kennen. Bekannte von ihm hatten mich – ich war gerade zur ›Miss Tennessee‹ gewählt worden – zusammen mit einer Freundin zu einer der üblichen Privatfilmvorstellungen eingeladen.

Während der Vorstellung setzte er sich neben mich und fragte: ›Weißt du, daß ich nicht mehr verheiratet bin?‹ Ich hatte damals wirklich keine Ahnung und sagte: ›Nein, aber Sie sollten auf jeden Fall ein einheimisches Mädchen heiraten.‹

Nach dem Kino bat er mich und meine Freundin, ihn am nächsten Tag in *Graceland Mansion* zu besuchen. Wir gingen hin, und er zeigte uns das ganze Haus. Mehr passierte nicht.

Am Sonnabend, also einen Tag später, trat ich mit meinen Eltern eine lange geplante, dreiwöchige Reise an. Wir waren kaum wieder in Memphis, als das Telefon bimmelte. Es war Elvis. Er fauchte mich an: ›Wo hast du gesteckt? Ich habe seit drei Wochen versucht, dich zu finden. Du kannst doch nicht einfach verschwinden. Wer glaubst du denn, daß ich bin?‹ Und dann sagte er ohne Einleitung: ›Ich fliege morgen nach Las Vegas und möchte gern, daß du mitkommst.‹ Ich hatte nicht lange Zeit zu überlegen und sagte zu. Und dann bin ich bei ihm geblieben. Vier Jahre lang.

Während dieser ganzen Zeit war ich ihm treu. Er aber gestand mir nach etwa einem Jahr, daß er außer mir auch andere Mädchen brauche. Ich bin nun mal nicht schrecklich eifersüchtig und hatte nichts dagegen. Elvis hat aber immer Wert darauf gelegt, daß ich keinen männlichen Freund nebenbei hatte. Über seine Affären hat er offen mit mir gesprochen.

Er war überhaupt ein wunderbarer Mann. Für alle Frauen ein Sexsymbol, privat ein kleiner Junge. Und sehr oft natürlich unsicher. Obwohl er mit dem Leben, das er führte, völlig zufrieden war. Die Person, die ihm am nächsten stand, war meiner Meinung nach sein Vater. Die Liebe zu seiner verstorbenen Mutter war ungebrochen. Mich nannte er *Mamy*, und ich sagte *Baby buntyn* zu ihm.

Aber er war auch ein Mann voller Widersprüche. Gewalttätig und jähzornig, manchmal auch gegenüber dem ›Colonel‹. Er konnte sich schwer unter Kontrolle halten und vermochte sich auch nicht mehr zu ändern.

Er weinte oft, und nicht nur einmal hat er mir gesagt: ›Mich hat niemand aufrichtig lieb. Ich bin für alle nur der Geldmacher.‹ Ich habe ihn geliebt, manchmal auch gehaßt. Ich war mit ihm zusammen, Tag und Nacht. Aber eines Tages mußte ich mich entscheiden, zwischen Elvis und einem einigermaßen normalen Leben mit Kindern. Das wäre an Elvis' Seite nie möglich gewesen. Ich habe ihm dann auch klar gesagt, daß ich ihn verlassen würde, und er hat's verstanden und keine Szene gemacht.

Wenn ich bei ihm geblieben wäre, hätte ich ihm vielleicht helfen können. Vielleicht wäre manches dann anders gelaufen. Ich möchte gern, daß ihn die Menschen als einen guten, anständigen Mann in Erinnerung behalten. Denn das war er.«

In einem Gespräch mit der US-Zeitschrift *People* erklärte Linda: »Elvis brauchte und wollte mehr Liebe als jeder andere Mensch, den ich in meinem Leben traf. Solange ich konnte, lebte ich dementsprechend.«

Linda Thompson, die dabei ist, als ständige Mitwirkende der Fernsehserie *Hee-Haw* selbst ein Star zu werden und schon kleinere Gastrollen in erfolgreichen Krimi-Serien wie »Starsky und Hutch« gespielt hat, hatte sich für den Auftritt bei Stanley Siegel mit Pretiosen geschmückt, die ihr Elvis Presley verehrt hatte. Den Verlobungsring, dessen glänzenden Mittelpunkt ein achtkarätiger Diamant erlesenster Qualität bildete, hatte Elvis selbst entworfen. Dann ein Opal, von Diamanten umkränzt. Zusammen etwa zwanzig Karat, meinte Linda.

Red West schätzt, daß Linda Thompson im Lauf der vier Jahre Geschenke im Wert von zirka zweihundertfünfzigtausend Dollar von ihrem Gönner erhalten hat. Dazu auch ein hübsches Haus in Nashville und ein Apartment in Los Angeles.

Vetter Sonny ergänzt: »Ich glaube, sie hat mehr Kleider als Elizabeth Taylor oder Jackie Onassis. Sie muß eine der bestangezogenen Frauen des Landes sein. Mann, ich war dabei, als sie bei Georgias in Los Angeles auf einen Schlag ein Dutzend Kleider kaufte – und das ist ein verdammt teurer Laden.«

Linda Thompson verriet Stanley Siegel, daß sie nach dem Tod ihres prominenten Freundes mehrere Angebote erhalten habe, ein Buch zu schreiben. Als er wissen wollte, für welches Honorar, antwortete sie: »Ich hätte den Betrag selbst bestimmen können.« Als der Fernsehmann nachhakte: »Auch eine Million?«, blieb Linda kühl und bestimmt: »Ich hätte es nur sagen müssen.«

Noch unter dem Eindruck von Elvis' Tod hatte Linda Thompson in einem Gespräch mit einem Reporter der Zeitung *Memphis-Press-Scimitar* gestanden: »Wir haben in den fünf Jahren, die wir zusammenlebten, manchmal über Heirat gesprochen, aber es hat irgendwie nicht geklappt. Niemand kann ihn ersetzen, nicht für mich, für niemanden, der ihn gekannt hat, für die ganze Welt nicht. Wenn Elvis in ein Leben getreten ist, war es nie mehr dasselbe wie vorher.«

Soweit es den Beginn, den Auftakt seiner »Romanzen« betraf, scheint Elvis Presley fast immer die gleiche »Dameneröffnung« gespielt zu haben. In diesem Punkt sind die Schilderungen Linda Thompsons und Diana Goodmans beinahe identisch. Mit langwierigen Werbemanövern scheint er sich nicht aufgehalten zu haben. Das war auch bei Ginger Alden, der dunkelhaarigen Schönheit aus Memphis, die das letzte Jahr seines Lebens Hausgast in *Graceland*

Mansion war, nicht anders.

Ihre Mutter Jo Alden berichtete dem amerikanischen Journalisten Leon Freilich: »Ich erinnere mich noch genau daran, wie sie sich kennengelernt haben. Der Diskjockey George Klein, ein alter Freund von Elvis, hatte ein Treffen zwischen Elvis und meiner Tochter Terri arrangiert. Terri war damals ›Miss Tennessee‹. *Well*, Terri nahm Ginger und Rosemary, ihre andere Schwester, mit nach *Graceland*. Später hat er dann auch mich und meinen Mann dorthin eingeladen. Er hat mir gesagt, er könne die ganze Familie gut leiden, besonders aber Ginger: ›Als ich ins Zimmer kam und Ginger sah, wußte ich, das ist sie.‹«

Ginger selbst wird vom *Commercial Appeal* zu diesem Stadium ihrer Bekanntschaft wörtlich zitiert: »Eine Nacht, nachdem wir einander vorgestellt worden waren, nahm mich Elvis mit zum Airport, um mir eines seiner Flugzeuge zu zeigen. Wir hatten kaum einen Blick in die Maschine geworfen, als Elvis vorschlug: ›Laß uns einen kleinen Ausflug machen.‹ Ich dachte, wir würden schnell mal nach Nashville fliegen, aber ein paar Stunden später konnte ich meine Mutter aus Las Vegas anrufen. Es war für mich ein enormes Erlebnis, denn ich war vorher noch nie im Westen gewesen.«

Elvis' Stiefbruder Ricky liefert zum Background eine andere Version: »George Klein, einer von Elvis' besten Freunden – sie gingen zusammen zur Schule – und ich haben Elvis auf die drei Alden-Mädchen Terri, Ginger und Rosemary aufmerksam gemacht. Wir schafften sie nach *Graceland* und forderten Elvis auf: ›Suche dir die heraus, die dir am besten schmeckt.‹ Ich hatte angenommen, er würde sich für Terri entscheiden, denn die war ›Miss Tennessee‹. Aber Elvis sagte nur: ›Haltet sie in Reserve, ich informiere euch später.‹«

Die Entscheidung ist bekannt. Weitere Details stammen von den Beteiligten. Mama Alden: »Er hat uns alle nach Las Vegas eingeladen, als er dort auftrat. Und er nahm uns auch mit nach Hawaii. Es war ein herrlicher Urlaub. Elvis amüsierte sich prächtig. Es war so eine gute Zeit für ihn. Eine Weile hörte er sogar auf, tagsüber zu schlafen, und tobte mit den drei Mädchen am Strand herum. Elvis schenkte Ginger einen Lincoln Continental. Auch ihr Vater bekam eine solche Limousine.«

Im Hause der Aldens hat Elvis Presley einen seiner letzten fröhlichen, entspannten Abende verbracht. Am 6. August hatte sich dort die Familie versammelt. Jo Alden erzählt: »Wir – mein Mann Walter, ich und die Mädchen – saßen alle um ihn herum. Er sang ein paar alte Lieder. Ginger war so stolz auf ihren Verlobungsring. Fünfzigtausend Dollar hatte Elvis für den elfeinhalbkarätigen Brillanten bezahlt.«

Jo Alden wird nicht müde zu bestätigen, daß Elvis und ihre Tochter bereits einen Hochzeitstermin vereinbart hatten: »Zuerst sollte es der 13. November sein, Gingers 21. Geburtstag. Dann erwogen sie den 8. Januar, an dem Tag wäre Elvis 43 geworden. Aber zuletzt entschieden sich die Kinder für Weihnachten. Es war der perfekte Kompromiß.«

Dem Reporter Lawrence Buser gestand Ginger Alden, daß Elvis ihr seinen Heiratsantrag genau an der Stelle gemacht habe – im November 1976 –, wo sie ihn später, am Morgen des 16. August, leblos aufgefunden hat: in seinem Badezimmer.

Ginger Alden will Elvis immer als einen großzügigen Menschen in Erinnerung behalten, einen Menschen, den sie mit kleinen Dingen glücklich machen konnte. Auch sie wurde gefragt, ob sie über ihre Zeit mit Elvis ein Buch schreiben wolle. »Ich glaube, jetzt noch nicht«, antwortete sie. »Später? Weiß ich nicht. Aber wenn ich es tue, dann würde ich nur über die Dinge schreiben, die gut waren. Ich wollte ihn glücklich machen, und ich glaube, das habe ich getan.«

Nach Aldenscher Lesart wollte Presley den Hochzeitstermin während seines geplanten Konzerts in Memphis bekanntgeben: »Es ist traurig, daß er selbst es nicht mehr angekündigt hat und daß wir es tun müssen.«

Der Zeitschrift *Tattler* ist eine Malessa Blackwood bekannt, die Mitte der siebziger Jahre Schönheitskönigin in Memphis war. Sie wurde Presley durch einen gemeinsamen Freund vorgestellt. Er bat sie zu einer privaten Filmshow. Einen Tag später rief er sie an, meldete sich aber nach der Telefonplauderei einen ganzen Monat nicht mehr. Eines Samstagabends wurde sie zu ihm bestellt. Sie mußte ablehnen, denn sie hatte bereits eine andere Verabredung. Sie versprach aber, zum Frühstück zu kommen, am Sonntag um sechs Uhr früh.

Sie saßen bei Orangensaft und Spiegeleiern, als ein weißer Pontiac Grand Prix, eines der schönsten Automodelle des Jahrgangs

1975, vorgefahren wurde. »Er gehört dir«, bemerkte Presley trocken. »Ich möchte, daß du ihn behältst.«

Nach dem Frühstück flogen die junge Dame, Presley und ein paar Freunde nach Fort Worth in Texas, um den Innenausbau eines neuen Jets für die private Luftflotte des Sängers zu inspizieren. Nach diesem Trip hat Miss Malessa nichts mehr von ihm gehört.

Wie sich die Bilder gleichen . . .

Der »Speck«, mit dem Elvis Presley seine Mädchen fing – oder fangen ließ –, war immer von der gleichen Qualität. Das System dieser Miss-Falle funktionierte nicht erst in den siebziger Jahren so reibungslos, wie an den Fällen Goodman, Thompson und Alden demonstriert, sondern schon fünfzehn, siebzehn Jahre früher. Darin zappelte bereits 1959 die kleine Priscilla Beaulieu. Ihre Schilderung der Ereignisse, die sie im August 1973 in einem ihrer seltenen Interviews – in diesem Fall dem ersten nach ihrer Trennung von Presley – der *Ladies Home Journal*-Mitarbeiterin Sandra Shevey gab, erhält erst jetzt die richtige Dimension. Denn so desillusionierend es für Presleys Verehrer und Verteidiger auch sein mag, auch seine spätere Frau wurde ihm von seinen spursicheren Sexscouts zugetrieben.

Priscilla Ann Beaulieu wurde am 24. Mai 1945 im New Yorker Stadtteil Brooklyn als Tochter des Luftwaffenleutnants Joseph P. Beaulieu und seiner Frau Ann geboren. In dieser Betonwüste verbrachte sie die ersten zehn Jahre ihres Lebens. Dann wurde der Papa zum Hauptmann und nach Texas befördert und vier Jahre später, 1959, nach Wiesbaden in Deutschland versetzt. Nicht weit davon, in Friedberg, tat seit Oktober 1958 der Wehrpflichtige Nr. 53010761, Elvis Presley, inzwischen Sergeant der United States Army, 3 rd Armored Division, brav seinen Dienst.

Schon bevor die Beaulieus in Texas die Air-Force-Maschine bestiegen, hatte der Teenager Priscilla davon geträumt, wie es wäre, wenn sie in Übersee Elvis treffen würde.

»Ich habe mir natürlich keine allzu großen Hoffnungen gemacht«, gestand sie, »aber ich erinnere mich, daß ich, als uns mein Vater mitteilte, er sei nach Wiesbaden abkommandiert, mehr im Scherz erwähnt habe, daß Elvis Presley nicht weit davon stationiert sei und daß wir ihn vielleicht treffen könnten.

Meine Mutter hat darauf geantwortet: ›Ich würde dich nicht mal über die Straße gehen lassen, um ihn zu sehen.‹ Das klingt heute ziemlich komisch, nicht wahr?

Dann, etwa eineinhalb Wochen nach unserer Ankunft in Deutschland, wurde ich in einem Lokal, in dem viele Kinder von Soldaten verkehrten, von einem jungen Mann angesprochen. Er fragte mich, ob ich Elvis Presley kennenlernen wolle. Ich sagte: ›Prima‹ und nahm an, das Ganze sei ein Witz. Ich habe mich dann auch zu dem vereinbarten Treffen gar nicht besonders angezogen, weil ich, wie gesagt, gar nicht daran geglaubt habe. Ich trug ein einfaches Matrosenkleid. Und dann war ich doch plötzlich auf dem Weg zum Hause von Elvis Presley, in dem er zusammen mit seinem Vater wohnte.

Es waren drei oder vier seiner Freunde da, mit ihren Mädchen, ein paar andere Mädchen kamen auch noch hereingeschneit. Es war ein ganz zwangloser Abend mit Familienatmosphäre. Als ich ankam, saß Elvis in einem Stuhl. Er stand auf und gab mir die Hand. Zu diesem Zeitpunkt wurde mir die Wirklichkeit plötzlich bewußt, und ich dachte: ›Was mache ich eigentlich hier?‹

Meine Eltern waren noch wach, als ich nach Hause kam. Sie wollten wissen, was los gewesen sei, und ich berichtete ihnen genau. Daß Elvis sehr nett, warmherzig und herzlich sei und daß ich ihn wahrscheinlich nie mehr wiedersehen würde.

Und dann rief er an.

Zuerst waren meine Eltern der Meinung, daß ich mich nicht mit ihm treffen solle, ich sei dafür noch zu jung. Das stimmte. Meine Mutter aber meinte dann, es sei eine Chance, die man nur einmal im Leben bekomme, und außerdem würde es mir nicht schaden. Nach einigem Hin und Her setzte sie sich gegen meinen Vater durch. Er gab seine Zustimmung, setzte aber die »Polizeistunde« auf Mitternacht fest.

Jede Verabredung mit Elvis war irgendwie gleich. Meistens holte mich sein Vater im Auto ab. Seine Mutter war 1958 gestorben. In Deutschland hatte sein Vater eine hübsche blonde Frau kennengelernt, eine geschiedene Frau, Davada ›Dee‹. Manchmal gingen die beiden und ein paar andere Freunde mit uns ins Kino.

Nein, ich war nie besonders beeindruckt von der Tatsache, daß ich mit Elvis zusammen war. Vielleicht weil ich immer glaubte zu träumen. Oder vielleicht, weil Elvis sehr unverdorben war, sehr natürlich. Er vermittelte mir Geborgenheit.«

Details ihres Verhältnisses weigert sie sich preiszugeben. Allerdings gibt sie zu, daß ihre junge Liebe schnell aufblühte. Aber: »Elvis war nicht aggressiv, er hat mich nie gedrängt. Er war sanft.«

Warum sie ihre Verbindung mit Presley damals so geheimhielt, wollte Sandra Shevey wissen.

»Oh, dafür gab es mehrere Gründe. Einmal machte er ohnehin genügend Schlagzeilen. Und dann war es meine Angelegenheit, mein Leben, das niemanden was anging. Abgesehen davon, ist Elvis immer sehr darauf bedacht, sich abzuschirmen. Soweit es sein Privatleben betrifft, ist er sehr verschlossen. Das hält er geheim.«

Priscillas Verständnis und Bereitwilligkeit, die Spielregeln zu beachten, ist nach Meinung von Sandra Shevey einer der Gründe, warum die Verbindung zwischen Elvis und Priscilla ihre Trennung nach Presleys Rückkehr in die Vereinigten Staaten überlebt hat.

Nur einmal verlor die smarte Schülerin Haltung und Zurückhaltung. Als Presley am 2. März 1960 »unter dem Blitzlichtfeuer der Pressefotografen und dem Surren der Wochenschau-Kameras« (so dpa) als letzter von achtzig GIs auf dem US-Militärflughafen in Frankfurt die Gangway zur Transportmaschine betrat, durchbrach sie den Kordon, den Militärpolizisten um das Flugzeug gezogen hatten, um ihrem Freund einen letzten Kuß zu geben. Doch der Coup gelang nicht, der Teenager wurde abgefangen und abgeführt. Als die Fotografen, die den Zwischenfall festgehalten hatten, ihre Personalien aufnahmen, hatte sich Priscilla aber schon wieder unter Kontrolle. Sie gab als Alter sechzehn Jahre an. Geistesgegenwärtig hatte sie zwei Jahre »hochgerechnet«.

Priscilla: »Als Elvis aus der Armee entlassen wurde, lebte ich immer noch in Wiesbaden. Ich war überzeugt davon, daß ich ihn nicht mehr sehen würde. Ich war sprachlos, als er mich später bat, Weihnachten mit ihm in Memphis zu verbringen und dann ganz bei ihm zu bleiben. Selbstverständlich sagten mein Vater und meine Mutter unmißverständlich nein. Aber Elvis rief an und sprach mit ihnen. Mein letztes Schuljahr habe ich in Memphis absolviert.«

Red West war nach Presleys Entlassung aus der Armee ständig an seiner Seite. Er berichtet: »Er hörte nicht auf, von dem Mädchen zu schwärmen, das er in Deutschland kennengelernt habe, Priscilla. Als er mir gestand, daß sie erst fünfzehn war, bekam ich fast einen Herzanfall. Die Verhandlungen mit Vater Beaulieu waren nicht einfach. Er wollte seine Tochter nicht so ohne weiteres ziehen lassen. Elvis mußte ganz schön aufdrehen. Er gestand, daß er Priscilla liebe und brauche, daß er sie immer respektieren und auch heiraten würde. Auch die Finanzierung wurde geklärt.«

Priscilla fand die Umstände ihres Aufenthalts in Presleys Haus weder peinlich noch unanständig. Über eine Heirat sei zum damaligen Zeitpunkt nie gesprochen worden. »Aber erstens hätte Elvis mich nicht eingeladen, wenn es dafür nicht einen Grund gegeben hätte. Darüber hinaus war ich der Ansicht, daß er nicht ohne Absicht die Verantwortung auf sich nahm. So oder so, er ist nicht der Mensch, der andere ausnützt. Ich jedenfalls fühlte mich sicher. Ich hatte keine Ahnung, daß er mich heiraten würde, vertraute nur darauf, daß sich die Dinge von selbst regeln würden. Zu keiner Zeit befürchtete ich, von ihm mißachtet oder im Stich gelassen zu werden. Schließlich hatte er meinen Eltern versprochen, daß mir nichts gecheben würde.«

Einige Jahre verbrachte Cinderella Priscilla in *Graceland Mansion*: eine Existenz, vergleichbar der von prächtigen Goldfischen in einer Glaskugel. Ihr Besitzer weilte die meiste Zeit in Hollywood, machte einen Film und, glaubt man seinen Genossen, eine Eroberung nach der anderen. Von seinen kalifornischen Kreuzzügen nach Memphis zurückgekehrt, entschädigte er das artige Burgfräulein dann großzügig.

Priscilla zurückschauend: »Es fiel Elvis schwer, für mich einzukaufen, und deshalb hat er mir oft gesagt: ›Besorge dir, was du gern haben möchtest.‹ Er hat mir alle meine Autos geschenkt. Wir begannen mit einem kleinen roten Corvair, darauf kam ein Chevrolet, ein Coronado, ein Eldorado und dann ein Mercedes, schneeweiß.«

Ein Memphis-Reporter erinnert sich: »Priscilla tauchte zuerst mit mit ihrem feuerwehrroten Cabrio in der Stadt auf. Sie weigerte sich standhaft zu verraten, ob sie den Wgen von Elvis bekommen hatte oder nicht. Um genau zu sein, sie sagte überhaupt nichts. Es war genauso unmöglich, an sie heranzukommen, wie an Elvis selber.«

Nur höchst selten besuchte Priscilla ihren Gönner in Kalifornien. »Ich war der Meinung, daß er nicht sein Bestes geben konnte, wenn ich immer um ihn herum war. Das war sein Geschäft, seine Aufgabe, ich hatte dabei nichts zu suchen. In Memphis besuchte ich eine Ballettschule und ging hin und wieder mit einer Freundin aus. Ich war vollauf zufrieden.«

Den Entschluß zu heiraten, faßte Elvis praktisch über Nacht. »Sein Antrag war ganz formlos und unfeierlich. Er zog den Ring aus seiner Tasche und sagte: ›Wir heiraten jetzt.‹ Obwohl wir mit der Art und Weise unseres Zusammenlebens bis dahin sehr zufrieden waren, galt es zur damaligen Zeit halt nicht als schicklich.«

Die Hochzeit fand am 1. Mai 1967 in Las Vegas statt, offensichtlich improvisiert und von Colonel Parker als »geheime Kommandosache« inszeniert. Selbst seine engsten Kumpane wurden von der plötzlichen Entscheidung ihres »Godfather« überrascht. Red West zu diesem Thema: »Mit den Jahren war Priscilla nicht nur größer, sondern auch erwachsener geworden. Und sie wollte nicht immer nur Presleys Freundin sein. Sie wollte heiraten. Ihre Eltern telefonierten mehrfach mit Elvis und wollten bestimmt, aber höflich wissen, ob er sich in dieser Sache wie ein Ehrenmann verhalten würde. Auch Colonel Parker war über die Situation nicht sonderlich glücklich. Es war ihm bis zu diesem Zeitpunkt auf wunderbare Weise gelungen, die Presse zu manipulieren; aber wie lange würde das noch glücken? Im Interesse aller Beteiligten wollte der Colonel ›seinen Jungen Elvis‹ und Priscilla unter die Haube bringen.«

Am 30. April hatte Parker einige Freunde und Geschäftspartner telegrafisch gebeten, ihn noch am selben Tag am Flughafen von Los Angeles zu erwarten. Unter ihnen war Sam Brosette, Publicity-Chef der Filmfirma MGM. Ihn beauftragte Parker, zwei vertrauenswürdige Fotografen mitzubringen.

Von Los Angeles flog die ganze Gesellschaft nach Las Vegas und wurde in ein elegantes Hotel verfrachtet. Keiner wußte genau, was gespielt wurde, auch die paar informierten Journalisten erfuhren von Geheimniskrämer Parker nur: »Eine große Sache.« Die Eingeladenen wurden gebeten, um sieben Uhr früh in der Hotelhalle zu sein.

Drei Stunden nach Mitternacht trafen Elvis, Priscilla und vier Freunde in einem Lear-Jet in Las Vegas ein. Sie fuhren direkt zum Clark-County-Standesamt, wo Elvis für die Heiratsurkunde fünfzehn Dollar auf den Tisch des für sein promptes Service bekannten Hauses blätterte. Den Rest der Nacht verbrachten sie in separaten Suiten im *Aladdin Hotel*, jeweils mit ihren Eltern.

Die Ungewißheit löste sich erst gegen zehn Uhr, als Elvis und Priscilla in Begleitung ihrer engsten Angehörigen im *Aladdin Room* auftauchten, wohin die rund hundert Gäste beordert worden waren. Die Trauungszeremonie war kurz zuvor vom Obersten Richter des Staates Nevada, David Zenoff, in den Privaträumen des Hotelbesitzers erledigt worden. Vor ihm hatte das Brautpaar versprochen, sich »zu lieben, zu ehren, zu achten und zu erfreuen«. Das normalerweise übliche »zu gehorchen« war gestrichen. Einer Freundin gestand Priscilla Jahre später: »Nach dem Empfang, den der Colonel großartig organisiert hatte, flogen Elvis und ich nach Palm Springs. Wir blieben die nächsten vier Tage im Bett.«

Auf den Tag genau neun Monate nach der Blitzhochzeit, am 1. Februar 1968, wurde dem Ehepaar Priscilla und Elvis Presley eine Tochter geboren. Sie gaben ihr den Namen Lisa Marie.

Priscilla verriet in diesem Zusammenhang auch, warum sich Elvis so plötzlich zur Heirat entschlossen hatte. »Ich habe ihm einfach gesagt, daß ich einen sehr guten Job als Modell in Hollywood angenommen habe und daß er mich dort finden könne, wenn er was von mir wolle.«

Nach der Trauung begann Priscilla, mit der Männerwirtschaft um Elvis aufzuräumen, und erzielte gegen ihre rauhen Rivalen auch überraschende Anfangserfolge. Der Clan-Chef verteilte seine Leute auf die verschiedenen Hauptquartiere. Zu diesem Zeitpunkt verfügte die Organisation Presley über drei Stützpunkte: *Graceland Mansion*; eine Residenz in Holmby Hills (Beverly Hills), für die der junge Ehemann fünfhundertfünfzigtausend Dollar bezahlt hatte, und eine 64-Hektar-Ranch in Mississippi, nicht weit von Memphis entfernt.

Eine Weile schien sich das Leben des extravaganten Entertainers zu normalisieren, doch die Illusion von einer heilen Familienwelt bröckelte ab. Presley konnte, wollte seinen Lebensrhythmus nicht auf Dauer ändern. Eine traditionelle Ehe war damit nicht in Einklang zu bringen.

Priscilla Presley ist die authentische Zeugin: »Wir waren sehr selten allein. Zum Beispiel unsere Reise nach Hawaii . . . Sie sollte eine intime Familienangelegenheit sein. Nachdem Elvis den Film *Blue Hawaii* abgedreht hatte, wollte er mir die Insel zeigen. Wir mieteten einen Bungalow mit Privatstrand. Aber in Begleitung von zwölf Personen – jeder Freund hatte seine Frau oder Freundin dabei –, wie privat kann man da sein? Ich habe damals klein beigegeben, aber mehr und mehr leistete ich Widerstand. Doch Elvis hat mich nicht ernst genommen.«

Er war zu sehr mit sich selbst beschäftigt, um die Gefahr zu erkennen. Schließlich hatte seine Frau doch alles, was sie sich wünschen konnte. Der goldene Käfig war perfekt konstruiert. Für ihn, dessen Herz an Äußerlichkeiten hing, der fest davon überzeugt war, mit Dollars alles kaufen zu können, war der Gedanke, daß jemand Gefühle über sein Geld stellen könnte, unvorstellbar. Außerdem, wer verzichtete schon freiwillig darauf, Mrs. Presley zu sein, wenn offensichtlich Millionen Frauen davon träumten, es wenigstens für eine Nacht sein zu dürfen?

Daß sich für nicht wenige Anbeterinnen dieser flüchtige Traum verwirklichte, blieb Priscilla offensichtlich nicht verborgen. Die Eifersuchtsfetzen begannen in schöner Regelmäßigkeit zu fliegen. Dazu gelegentlich teures Geschirr, Eheringe und einmal gar Priscilla – aus dem Haus.

Priscilla wurde es klar, daß sich die Dinge nicht ändern würden: »Wir lebten jeder für sich ein völlig separates Leben. Ich mußte einsehen, daß Elvis immer Elvis bleiben würde. Aber ich wollte ›ich‹ sein.«

In Las Vegas kursierten Gerüchte, wonach Elvis gelegentlich bis zu fünfzehn junge Damen auf einmal rekrutierte. Sie hatten, hauptsächlich mit Sonnenbräune bekleidet, seinen Rücken zu massieren, Drinks zu mixen und zu servieren, ihm Feuer zu reichen und so weiter . . .

»Buchhalter« der Partys notieren, daß bei diesen Festen die Zahl der anwesenden Damen in der Regel die der Herren weit übertraf.

Der renommierte amerikanische Journalist Robert Blair Kaiser, der für das *New York Times Magazine* im Oktober 1970 eine Presley-Reportage aus Las Vegas schrieb, notierte zu diesem Zeitpunkt: »Ich frage mich, ob Elvis manchmal von Zweifeln geplagt wird, ob es bei ihm eine Spur von Selbsterkenntnis gibt. Ob der Wunsch, sich zu ändern und zu reifen, vorhanden ist. Ich habe

Gerüchte gehört, wonach Priscilla, seine Frau, mit ihrem Leben im luxuriösen Gefängnis unzufrieden ist, daß man sie gedrängt hat, ihre eigenen Show-Ambitionen aufzugeben, ›für Elvis‹.«

Kaiser erinnert sich auch an folgende Szene: »Als ich mich mit Elvis' Vater Vernon im Kasino unterhielt – während der er unentwegt Halb-Dollar-Münzen in seinen Lieblingsspielautomaten steckte –, kam ein Elvis-Fan aus Memphis vorbei und wollte von ihm wissen, ob sich sein Sohn und Prissy scheiden lassen würden. Vernon Presley machte nur eine kurze Pause, ehe er den Hebel des Automaten drückte: ›Das Problem haben wir gelöst. Es ist jetzt alles wieder o.k.‹«

Doch die diversen Rettungsaktionen hatten keinen Dauererfolg. Im Sommer 1972 verließen Priscilla und Lisa Marie das elegante Anwesen und zogen in ein Penthouse. Am 26. Juli 1972 meldete der *Memphis Press Scimitar* in seiner Abendausgabe die Sensation: »Millionär und Rocksänger Elvis Presley hat sich anscheinend von seiner Frau, mit der er fünf Jahre verheiratet war, getrennt.« Und die Zeitung fügte hinzu: »Der populäre Schauspieler-Sänger, 37, wurde in den vergangenen Wochen mehrfach ohne Priscilla, dafür aber in Begleitung einer unbekannten Frau, in der Öffentlichkeit gesehen.«

Ein Jahr später, am 11. Oktober 1973, wurde die Ehe in Los Angeles rechtsgültig geschieden. Presley zahlte eine einmalige Abfindung von zwei Millionen Dollar und unterzeichnete einen großzügigen Unterhaltsvertrag für seine Tochter. Es war eine glatte, einvernehmliche Scheidung. Nach der kurzen Verhandlung küßte Elvis vor dem Gerichtsgebäude demonstrativ seine Exfrau vor den Journalisten und Schaulustigen.

Der Name des männlichen Scheidungsgrundes, Mike Stone, wurde in keinem Zeitungsinterview erwähnt. Er spielte letztlich auch keine entscheidende Rolle. Priscilla wollte nicht zu einem anderen Mann, sie wollte weg von Presley. Zum Thema Mike Stone gestand sie Sandra Shevey offenherzig: »Er ist ein richtiger Mann. Und er behandelt mich wie eine Frau. Er hat mehr Zeit für mich. Wir tun Dinge gemeinsam.«

Elvis Presley, ein leidenschaftlicher Karate-Fan, hatte Priscilla selbst mit dem Karate-Experten Stone bekannt gemacht – in Hawaii – und später sogar veranlaßt, daß sie bei ihm Unterricht nahm. Priscilla blieb in allen ihren Äußerungen und Kommentaren zum Thema Elvis (mit dem zumindest der Telefonkontakt nie abriß) hundertprozentig loyal. Mary Fiore, eine weitere *Ladies Home Journal*-Reporterin, sprach mit Priscilla im Sommer 1974 und bemerkte: »Wenn man eine Frage an sie stellt, die wie eine Aufforderung zum Verrat aufgefaßt werden könnte, ziehen sich ihre blau-grünen Augen zusammen, und sie schnappt zurück: ›Warum wollen Sie gerade das wissen?‹«

Sie hat bis zu dem Tage, an dem diese Worte geschrieben wurden, nicht wieder geheiratet. Mike Stone wurde als »ständiger Begleiter« vom Hollywood-Haarkünstler Elie Ezerzer abgelöst. Neuesten *Ondits* zufolge, ist aber auch diese Verbindung inzwischen gelöst. In einem Interview hat Prissy dazu ihre Meinung kundgetan: »Ich glaube nicht, daß ich noch einmal heiraten werde. Aber sollte ich es tun, dann werde ich wohl keine weiteren Kinder haben. Ich fürchte, es wäre nicht fair gegenüber Lisa, wenn ihr Bruder oder ihre Schwester ihren Vater im Hause haben würden und sie nicht. Und es wäre unfair den anderen Kindern gegenüber, wenn Elvis nicht auch ihr Vater wäre. Denn Lisa Marie ist Elvis Presleys Tochter. Nichts wird diese Tatsache ändern.«

Im Leitartikel zum Tode des prominenten Sohnes der Stadt schrieb der *Memphis Press Scimitar*: »Wir in Memphis kannten ihn als braven, gut erzogenen Mitbürger. Er war für seine Großzügigkeit bekannt, nicht nur für die teuren Autos, die er Freunden und manchmal auch Fremden schenkte, sondern für seine noblen Spenden an zahlreiche karitative Organisationen.«

Kühl konterte Jay Cocks vom *Time*-Magazin in seinem am 29. August 1977 veröffentlichten Nachruf: »Von einer gewissen Zeit an waren seine Geschenke Bestechungsgelder, mit denen er Loyalität und Verschwiegenheit erkaufte.«

Um Unklarheiten zu beseitigen: es geht nicht um spekulative und süffisante Schlafzimmerschnüffelei, es geht vielmehr darum, die Immunität zu demonstrieren, die Presley genoß, die Dichte der Mauer zu messen, die ihn vom Rest der Menschheit trennte.

Die Affäre mit der minderjährigen Priscilla, die Ehe, die Scheidung, sind wesentliche Teile des Presley-Puzzles. Die Vermutung ist erlaubt, daß die in den Vereinigten Staaten und damit auch im Bundesstaat Tennessee geltende demokratische Maxime, daß vor dem Gesetz ein jeder gleich sei, für den Bürger Elvis Aaron Presley nicht zutraf. Seien es nun die unter dem Paragraphen

39–3706 des Strafgesetzbuches von Tennessee aufgeführten Tatbestände oder die ungeschriebenen, aber nach wie vor gültigen ethischen und moralischen Richtlinien, die das Zusammenleben in diesem Teil des Kontinents regeln: Elvis Presley wurde weder in dem einen noch dem anderen Fall angeklagt oder verurteilt. Er lebte nach seinen eigenen Gesetzen: ein *outlaw*, von der Gesellschaft toleriert.

Die zerstörerischen Begleiterscheinungen von Ruhm und Reichtum hatten die Substanz seiner Herkunft, seiner Erziehung aufgezehrt. Es bedarf keiner langen psychologischen Beweiskette, um zu verstehen, daß Elvis Presley langsam, aber sicher zur Überzeugung kam, ein Übermensch, ein Lebewesen mit überirdischen Fähigkeiten zu sein, vom lieben Gott selektiert: eine Einschätzung, die Disziplin- und Maßlosigkeit zur Folge haben mußte. Ein Befund, der in keinem Obduktionsbericht verzeichnet ist.

War der fotogene Kuß nach der Scheidung gespielte Gelassenheit, Presley aber in Wirklichkeit schicksalhaft aus der Bahn geschleudert?

Newsweek resümiert in seinem Nachruf am 29. August 1977: »Priscilla war es leid, ein Vogel im goldenen Käfig zu sein, und verließ ihn wegen eines Karatelehrers. Ein Schlag, von dem er sich nie mehr erholt hat.«

Steve Dunleavy behauptet in seinem Drei-Millionen-Seller: »Ganz gleich, wie viele Frauen Elvis Presley in der Vergangenheit hatte und wie viele er in Zukunft noch haben wird, sicher ist, daß er nur zu einer einzigen eine wirklich romantische Beziehung hatte und hat. Und diese Frau ist die zierliche, kultivierte Priscilla Beaulieu-Presley.«

Die eindrucksvollste Enthüllung der drei Leibwächter ist die Schilderung der alptraumhaften Stunden, in denen der vor Verzweiflung schier wahnsinnige Presley von ihnen die Ermordung Mike Stones verlangte: »Der Mann muß sterben. Ihr wißt, daß der Mann sterben muß. Der Hurensohn muß weg. Ihr wißt es. Der Schmerz frißt mich auf, und es ist seine Schuld ... Er hat kein Recht mehr zu leben.«

Wolf Wondratschek kombiniert in seinem ZEIT-Essay: »Sie hieß Priscilla. Er heiratete sie. Und wurde schließlich, nachdem sie ihm weggelaufen war mit einem Karatetrainer, ihm, der sich einmauern mußte, um dem Ansturm von Millionen anderer Mädchen zu entgehen, immer unglücklicher, fetter, neurotischer, auf Gifte süchtig, vielleicht, jedenfalls auf Gebäck, Süßigkeiten, Torten, Schokolade.«

Doch verletzte Eitelkeit allein ist als Diagnose des Presleyschen Zustands eine zu oberflächliche Feststellung. Möglicherweise war die Erfahrung, daß seine Frau beispielsweise nicht mit einem Mann wie Frank Sinatra verschwand, sondern mit einem vergleichsweise armen Schlucker, der knapp fünfhundert Mark in der Woche verdiente, für sein maskulines Ego schmerzlich; aber sie konnte die Wesensveränderung, die Freunde und Fremde ab 1972 bei ihm feststellten, nicht schlüssig erklären. Daß vor aller Welt seine Verwundbarkeit demonstriert worden war; daß Berichte, seine private Welt sei gar nicht so heil und intakt wie bislang versichert, nun nicht mehr mit einem Achselzucken und lässiger »Alles Quatsch«-Attitüde abgetan werden konnten; daß die New Yorkerin, die Nordstaatlerin Priscilla eines der heiligsten Tabus der Südstaaten gebrochen hatte: das der Scheinheiligkeit; daß sie durch ihren Auszug deutlich gemacht hatte, daß der Ehrenbürger und Ehrensheriff von Memphis als Ehemann kein Ehrenmann war – die Summe dieser Negativposten schien »King« Presley nicht so ohne weiteres verarbeiten zu können. Aber wahrscheinlich war der Verlust seiner Tochter Lisa Marie der Treffer, der ihm die nachhaltigsten und heftigsten Schmerzen verursachte.

Ruth Pierce zitiert Elvis in »Ein Requiem für ein Idol«: »Lisa ist mein Leben. Sie ist das einzige, was nur mir persönlich gehört. Alle sonst, ich selbst inbegriffen, gehören jedermann, den Fans und Leuten, die meine Arbeit mögen. Aber mein Baby, das ist eine andere Sache.«

Es ist sicher nicht richtig, allein mit dem Scheitern seiner Ehe eine totale charakterliche Kehrtwendung zu motivieren; die Zeichnung vom Mann, der – von der geliebten Frau und seinem Kind verlassen – haltlos wird und sich aufgibt, wäre doch etwas zu romantisch gestrichelt. Jedoch ist es eine beweisbare Tatsache, daß die Talfahrt des Show-Serenissimus in den fünf Jahren nach der Trennung an Tempo, Rasanz und Irrwitz zunahm. Immer beängstigender wurden aus harmlosen Hobbys gefährliche Neurosen, entwickelte kindliche Großzügigkeit sich zu protziger Verschwendungssucht und verschlimmerten Wehwehchen sich zu ernst zu nehmenden, lebensgefährdenden Krankheiten.

Etwa ein halbes Jahr nach dem Bruch mit seiner Frau, im Januar 1973, muß der Held von Las Vegas sein dortiges Gastspiel erstmals vorzeitig abbrechen. Im darauffolgenden Mai platzt eine weitere Show-Serie, diesmal im *Sahara Tahoe Hotel*. Vier der fünf vom Baptist Memorial Hospital offiziell bekanntgegebenen Klinikaufenthalte fallen in die Zeit zwischen 1973 und 1977.

Solange wissenschaftlich exakte Erkenntnisse und klinische Einzelheiten nicht zweifelsfrei bekannt sind, läßt sich natürlich auch eine tragische Gleichzeitigkeit vermuten: daß Presley 1972 mit dem Ende einer unheilbaren Ehe *und* dem Beginn einer unheilbaren Krankheit konfrontiert wurde.

Vielleicht gelingt es durch die Auflistung und Auswertung einigermaßen gesicherter Fakten, das Lügen- und Legendennetz um das Denkmal Presley zu lüften und wenn möglich zu zerreißen, um dahinter ein scharfes Bild, eine Antwort auf die Frage zu finden: wer war Presley?

Die maßlose Sammelleidenschaft Presleys beschränkte sich nicht nur auf Frauen. Autos, Pistolen, Sheriffsterne und Juwelen waren weitere Objekte seines ungezügelten, unersättlichen Verlangens.

Seine Faszination für Automobile war sprichwörtlich und sorgte zwanzig Jahre lang für Schlagzeilen und Anekdoten. Die erste wesentliche Anschaffung des Rock 'n' Roll-Eleven war, den gefühlvollen Geschichtenbüchern zufolge, ein rosaroter, gebrauchter Cadillac, ein Geschenk für Mama und Papa. Am 6. Juli 1956, auf den Tag genau 23 Monate nach Veröffentlichung seiner ersten Schallplatte, kam die selbst für US-Amerikaner ungewöhnliche Automanie des jungen Mannes in einem Fernsehinterview zur Sprache. Hy Gardner, damals ein TV-As, hatte Presley in seine Show nach New York eingeladen und wollte von seinem Gast wissen: »Zwei oder drei Zeitungen haben in dieser Woche berichtet, daß Sie vier Cadillacs gekauft haben. Was ist daran richtig?«

Darauf antwortete Elvis: »Es stimmt. Ich habe vier Cadillacs.«

Hy Gardner: »Was machen Sie mit vier Cadillacs?«

EP: »*Well*, ich weiß nicht. Ich brauche keine vier Autos. Aber wissen Sie, vielleicht bin ich eines Tages pleite, dann kann ich ein paar von den Dingern verkaufen.«

Hy Gardner: »Es gibt Leute, die sammeln Briefmarken, andere Wertpapiere. Sie sammeln eben Cadillacs. Wie ich höre, haben Sie auch Ihren Eltern einen gekauft, stimmt's?«

EP: »Alles, was mir gehört, gehört auch ihnen. Alle vier Cadillacs gehören auch ihnen. Aber ich will sieben haben.«

Hy Gardner: »Sieben?«

»EP: »Ja.«

Hy Gardner: »Na, vielleicht betreiben Sie noch eines Tages einen Presley-Autoverleih.«

Wie viele Wagen der Ex-Lastwagenfahrer im Lauf seines Lebens für sich selbst erworben hat, wußte er am Ende wahrscheinlich selbst nicht mehr. Auch die Zahl seiner vierrädrigen Geschenke kann nur geschätzt werden, es dürften nicht viel weniger als einhundert gewesen sein. Dave Hebler erinnert sich an einen Tag im Jahre 1975, an dem ihm sein Boss nebenbei eröffnete: »Ich kaufe dir und Joe Esposito jetzt einen Maserati.« Es waren aber in Memphis gerade keine Maseratis verfügbar, also fuhr er, in Geberlaune, zum Autohaus Shilling Motors und orderte neun Lincoln Mark IV Luxuslimousinen.

»Es war irre«, berichtet Hebler. »Er kaufte für jeden von uns ein Auto. Aber einen Tag später wurde es noch toller. Presley fand nämlich heraus, daß ihm der Verkäufer keinen Mengenrabatt eingeräumt hatte. Also mußten wir die Autos wieder zurückbringen, zumindest sieben davon. Der Verkäufer war einem Herzinfarkt nahe, als wir mit den Lincolns wieder bei ihm auftauchten. Wir fuhren dann zu einem anderen Händler, und Elvis kaufte ein paar Cadillacs, ich weiß nicht mehr, wie viele. Aber ich erinnere mich noch genau an ein farbiges Ehepaar, das zur selben Zeit im Geschäft war. Die Frau bestaunte gerade einen Cadillac Seville. Elvis fragte sie: »Gefällt Ihnen dieses Auto?« Darauf sie: »Oh ja, es ist sehr schön.« Worauf Elvis erklärte: »Gut, suchen Sie sich einen aus. Ich kaufe Ihnen einen.« Die Frau wurde beinahe ohnmächtig, aber sie wählte einen Cadillac aus, und er bezahlte.«

Die Geschichte wurde bekannt, und ein Radiosprecher in Vail, Colorado, der die Story seinen Hörern erzählte, schloß scherzhaft: »Elvis, wenn Sie mich hören sollten . . . Ich könnte auch ein Auto brauchen.«

Elvis hörte davon und rief den Rundfunkmann an: »Welche Farbe soll es haben?«

Am nächsten Tag konnte der Ansager im Cadillac zu seinem Sender fahren. Eine kleine Aufmerksamkeit aus Tennessee . . .

Presleys letzte Fahrzeugflotte umfaßte laut offiziellem Nachlaßverzeichnis: 1 Stutz Blackhawk, 2 Custom 1973, 1 Stutz Blackhawk 1971, 1 Ferrari SAE A 67 1967, 1 Fleetwood Cadillac 1955, 1 International Scout 1974, 1 Jeep 1962, 1 Ford Bronco 1966 und 1 Chevrolet Pickup Custom Deluxe 1976. Für jeden der beiden Stutz Blackhawks hatte Presley rund einhunderttausend Mark bezahlt. Neben den Autos besaß er im August 1977 insgesamt sechs Motorräder. Zwei Harley Davidsons, Baujahr 1966 und 1976, und drei Supercycles waren mit Volkswagenmotoren ausgerüstet. Der Fuhrpark wurde durch drei Wohnmobile, drei Traktoren und sechs Harley-Davidson-Golfkarren komplettiert.

Überraschenderweise fehlt in dieser Aufzählung der berühmte goldene Cadillac, den sich Presley Anfang der sechziger Jahre vom renommierten Autoausstatter George Barris in Hollywood herrichten ließ.

Das verlängerte Dach dieses stolzen Schlittens war mit einer grobkörnigen Schicht aus zermahlenen Zuchtperlen belegt. Für den Rest des Wagens wurde eine extra aus dem Orient importierte, mit zerstampften Diamanten und Fischgräten vermischte Spezialfarbe verwendet. Fast alle Metallteile waren mit 24karätigem Gold überzogen. Goldene Schallplatten zierten die Wagendecke, goldene Vorhänge hingen an den Fenstern im Fond und an der Trennscheibe zwischen Fahrer- und Passagierabteil. Der Wagen war mit zwei goldenen Telefonen ausgestattet, eines davon bediente der Fahrer, der die Anrufe entgegennahm und sie dann in den Fond weitervermittelte. Dort waren eingebaut: ein mit Gold ausgeschlagenes Fach für Toilettenartikel, das einen goldenen Rasierapparat und goldene Haarklammern enthielt, goldene Schuhspanner, ein vergoldetes Fernsehgerät, einen Plattenspieler, Lautsprecher, Klimaanlage, einen Eisschrank, der innerhalb von zwei Minuten Eiswürfel lieferte, und Steckdosen für eine elektrische Anlage, an die alle nur denkbaren Geräte angeschlossen werden konnten.

Gibt es für den autobesessenen Presley hier und da vergleichbare Exzentriker, so dürfte seine private Luftflotte beispiellos sein. Er unterhielt zeitweise die größte »Luftwaffe« der Welt. In den Jahren 1974 und 1975 besaß er nicht weniger als fünf Düsenmaschinen und hatte vier Piloten samt Navigatoren auf seiner Gehaltsliste.

In einer 1976 erschienenen Presley-Sondernummer berichtet die Gazette *Tattler* Einzelheiten über Presleys Flugzeugpark:

»Kein anderer Entertainer kann es mit Elvis Presley aufnehmen, wenn es darum geht, erstklassig zu reisen. Er besitzt seine eigene Air Force. Zu seiner Streitmacht gehören drei schicke Jets, die etwa zwei Millionen Dollar wert sind:
Eine American Convair 880, ursprünglich für 83 Passagiere gebaut. Elvis ließ die Sitze entfernen und das Flugzeug in ein luxuriöses, fliegendes Penthouse verwandeln. Er hat sechshunderttausend Dollar für die Maschine bezahlt, die Umbauten aber machen sie bedeutend wertvoller.
Ein Jet-Star ist sein zweites Flugzeug. Es bietet sechs Reisenden Platz und ist mit jedem erdenklichen Komfort ausgestattet. Anschaffungspreis: vierhundertfünfundzwanzigtausend Dollar.
Dazu noch einen zwölfsitzigen, in Frankreich gebauten Falcon-

Jet, der sechshunderttausend Dollar kostete. Diese Maschine benutzt Elvis kaum, er betrachtet sie jedoch als hervorragende Investition und behält sie aus diesem Grund.

Elvis erwarb alle diese Flugzeuge 1975 innerhalb von neun Monaten.

Er war es leid, für seine Tourneen Maschinen mieten zu müssen, und beschloß deshalb, eine eigene zu kaufen. Der erste Jet, der ihm angeboten wurde, gehörte dem umstrittenen Finanzmakler John Vescoe, der ins Exil ging, als seine geschäftlichen und politischen Aktivitäten in der Öffentlichkeit zu heftigen Auseinandersetzungen führten. Vescoe wollte das Flugzeug schnell loswerden, aber als juristische Bedenken wegen der Besitzverhältnisse auftraten, ließ Elvis den geplanten Kauf sofort platzen.

Allerdings war er inzwischen von der Idee eines eigenen Flugzeugs besessen. Er nahm mit Nigel Winfield, einem bekannten Flugzeugreeder in Miami, Kontakt auf und beauftragte ihn, etwas Passendes zu suchen. Winfield fand als erstes die Convair für einen besonders günstigen Preis. Auf Presleys Drängen hin kaufte er dann schnell noch die beiden anderen Jets. Elvis habe die beste Geschäftsmaschine der Welt, sagte Winfield über die renovierte Convair. Sie ist viel besser und bequemer als die *Air Force One*, das Flugzeug des Präsidenten.

Laut Winfield legte Elvis auch die kleinsten Details der Ausstattung selbst fest: ›In dieser Zeit war er andauernd unterwegs, und so mußte ich kreuz und quer durch Amerika fliegen, um mit ihm die notwendigen Einzelheiten zu besprechen.‹ Die Convair und der Jet-Star sind blauweiß gestrichen und tragen am Heck jeweils die Buchstaben TCB. Sie stehen für *Taking Care of Business* (›Ich kümmere mich ums Geschäft‹), eine Tätigkeit, die Elvis sehr erfolgreich ausübte. Die Flugzeuge sind alle in Memphis stationiert, nicht weit von Graceland Mansion entfernt. Elvis taufte die Convair auf den Namen seiner Tochter Lisa Marie.

Einige Angaben zur Inneneinrichtung: der Schlafraum in königsblauem Samt enthält ein Doppelbett, das für fast zwanzigtausend Mark maßangefertigt wurde, und eine Stereoanlage. Die Armaturen des Badezimmers (größer als in mancher Luxusvilla) sind mit echtem Gold belegt. Der Konferenzraum ist mit sechs bequemen Ledersesseln und einem ovalen, etwa vier Meter langen Tisch, vier Fernsehgeräten, einer Video- und einer Stereoanlage mit insgesamt 52 Lautsprechern ausgestattet. Die Maschine besitzt sieben Telefonanschlüsse. Möbel und Wände sind hauptsächlich aus erlesenem Teakholz, die bevorzugten Farben Smaragdgrün und Königsblau, Elvis' Lieblingsfarben.

Elvis hat alle designerischen Entscheidungen selbst und unabhängig getroffen, erzählt Winfield. Über Geld wurde nie gesprochen. Er sagte nur: ›Mach das‹ oder: ›Mach dies‹.

Als Presley die fertig umgebaute Convair zum erstenmal begutachtete, verschlug es ihm nach Winfields Worten zunächst die Sprache: ›Unglaublich‹, zitiert Winfield dann seinen prominenten Kunden. ›Das ist ein ziemlicher Unterschied zu meinem ersten Gebrauchtwagen.‹ Aber nicht alle waren mit dem Superflugzeug zufrieden. Linda Thompson bemängelte nach der ersten kurzen Besichtigung: ›Warum ist denn keine Dusche eingebaut worden?‹ «

Wie sehr sein Prestige die Triebfeder Presleyscher Anschaffungsorgien war, zeigt eine Arabeske: Als er aus der Zeitung erfuhr, daß der dollarscheffelnde Jungstar John Denver seinem Manager, dem berüchtigten Mr. Weintraub, einen Rolls-Royce verehrt hatte, zischte der »King«: »So ein Hurensohn! Dem werde ich es zeigen. Ich schenke meinem Manager ein Düsenflugzeug für eine Million Dollar.« Was auch geschehen wäre, wenn »Colonel« Parker nicht abgewinkt hätte.

Zum besseren Verständnis des Presley-Psychogramms ist es nicht nur wichtig zu wissen, was und für wieviel Geld er wann und für wen gekauft hat, sondern auch wie. Die rauschhaften Umstände der Käufe sind aufschlußreicher als Ziffern und Zahlen. Man muß deshalb zum Beispiel das von der halben Weltpresse mehr oder weniger verstümmelt nachgedruckte *Commercial Appeal*-Interview John Knotts mit dem Juwelier Lowell Hays aus Memphis komplett studieren, und nicht nur einzelne Zitate daraus, um zu begreifen, daß sich Elvis Presley genauso benahm, wie sich der kleine Moritz oder miserable Stückeschreiber einen maroden, miesen Millionär made in USA vorstellen:

»Lowell Hays hat viele Weihnachtsabende im Hause eines Kunden verbracht, dessen Angewohnheit es war, seine Juwelengeschenke erst in letzter Minute zu kaufen. Aber dieser Kunde erwarb gelegentlich Edelsteine für fünfhunderttausend Mark auf einmal, darunter Einzelstücke im Werte bis zu hundertfünfundzwanzigtausend Mark. Und: wenn er etwas wollte, dann ohne jede Verzögerung.

Hays war ein ständiger Gast in *Graceland,* um Elvis Presley mit Juwelen zu versorgen. Und er mußte nicht selten auf Reisen gehen, wenn der Sänger auf Tournee das plötzliche Verlangen verspürte, Schmuck zu kaufen.

Der Juwelier erinnert sich an seine vier Jahre dauernde Geschäftsverbindung mit Presley: »Ich kannte einige Leute, die für ihn arbeiteten. Sie riefen mich eines Nachts an und baten mich in ein Kino, das Presley für eine Vorstellung gemietet hatte. Es war vor Weihnachten. Ich nahm eine Kollektion mit, und er kaufte einiges. So begann das Ganze. Ich mochte ihn, er mochte mich, und wir kamen gut zusammen aus. Wir wurden enge Freunde.«

So begann eine Freundschaft und Geschäftsbeziehung, die einen Gesamtumsatz von eineinhalb bis zwei Millionen Mark in Edelsteinen erreicht hatte, ehe der Sänger am 16. August in *Graceland* starb.

Manchmal transportierte Hays Juwelen im Wert von einer halben Million in einem Spezialköfferchen von Memphis nach Chicago, Las Vegas, zur Ost- oder Westküste, wann und wo immer Elvis glitzernde Kostbarkeiten haben wollte.

›Viele Anrufe kamen in den frühen Morgenstunden. Manchmal war ich nervös und fühlte mich unsicher – mit der teuren Ware unterm Arm. Aber ich gewöhnte mich daran, außerdem kamen die Anrufe entweder direkt von Elvis oder einem der engeren Freunde. Niemand sonst wußte, mit welchen Werten ich spazierenfuhr. Das Sicherheitsrisiko wurde auf diese Weise verringert.‹

Seine Frau begleitete Hays manchmal nach *Graceland,* ›aber sie mußte im Erdgeschoß warten, während ich ins Schlafzimmer gebeten wurde, und nicht selten saß sie so bis vier oder fünf Uhr früh herum. Das wurde ihr langweilig, und sie merkte bald, daß Geschäft kein Spaß war.‹

In der Hauptsache interessierte sich Elvis für Ringe. Er kaufte auch Armbänder und Halsketten, aber meistens Ringe.

Die Anrufe kamen in der Regel nach Mitternacht. Und es war kein Geheimnis, daß Elvis das Wort ›nein‹ nicht hören mochte. Da war zum Beispiel die Geschichte mit dem Verlobungsring für Ginger Alden. Der erste Anruf kam eine Stunde nach Mitternacht.

Ich sagte ihm, daß sein Wunsch unmöglich zu erfüllen war, aber er entgegnete: ›Schau, ich mache alle meine Geschäfte mit dir, und wenn ich etwas Besonderes brauche, dann brauche ich es eben. Ich möchte diesen Diamanten, und zwar heute nacht, und ich möchte, daß du ihn mir besorgst.‹

›Also telefonierte ich herum‹, erzählte Hays. ›Er wollte einen Brillanten in einer Größe, die ich nicht auf Lager hatte. Ich sprach mit ein paar Händlern in New York, aber wir fanden keinen Weg, einen Stein so schnell nach Memphis zu schaffen. Elvis bot mir seinen Jet ›Lisa Marie‹ an. Aber Brillanten von der Größe, wie ihn Elvis wollte, wurden in besonders gesicherten Spezialsafes aufbewahrt, auch meine eigenen Steine.

Elvis versuchte sein Glück bei einigen anderen Händlern in der Stadt. Dann rief er mich wieder an, und als er mich diesmal weckte, wurde mir klar, daß es wirklich sein Ernst war; daß er den Brillanten unbedingt noch in dieser Nacht haben wollte. Also arrangierte ich es, daß ich einen Stein aus dem Safe bekam, mitten in der Nacht. Ich alarmierte meinen Mitarbeiter, wir trafen uns im Geschäft und machten den Ring fertig. Um acht Uhr morgens konnte ich ihn abliefern. Der Stein wog elfeinhalb Karat und trug ein Preisschild im Gegenwert von hundertfünfundzwanzigtausend Mark.‹

Hays berichtet, daß Elvis ein sehr wählerischer Kunde gewesen sei. ›Er glaubte an Zahlen, an Zahlensysteme. Er war eine Acht, ich eine Vier, die beiden Ziffern waren verwandt. Unsere Farben waren Blau und Schwarz. Als ich ihm Gingers Ring brachte, schenkte er mir einen marineblauen Mark V Jaguar, nicht das erste Geschenk dieser Art.

Wenn er ein Geschenk für eine bestimmte Person suchte, studierte er zuerst sein Buch, um herauszufinden, welcher Stein zu jener Person passe. Er hatte ein kleines Taschenbuch über Zahlentheorien, das war ziemlich zerlesen. So fand er heraus, daß für diese Person ein Sternsaphir, für eine andere ein schwarzer Opal und für den nächsten ein blauer Saphir der richtige Stein sei. Ich besorgte ihm, was er haben wollte.

Ich benutzte stets den Haupteingang von *Graceland* und wurde immer sofort eingelassen. Sie kannten meinen Wagen, ich hatte freien Zugang zum Haus. Nur wenige kamen in den Genuß dieses Privilegs.

Evlis zahlte nur mit Scheck. Ich kann mich nicht erinnern, daß er einmal bar bezahlt hätte, und glaube sogar, daß er nie jemandem eine einzige Dollarnote gegeben hat.

Hin und wieder schrieb Elvis die Schecks selber aus, aber meistens schickten wir eine Rechnung, und sein Vater sandte dann den Scheck.

Wenn ich ihn besuchte, fragte er manchmal: ›Wir haben doch noch nicht bezahlt, stimmt's?‹ Und wenn ich das bestätigte, sagte er: ›Charlie, gib mir mein Scheckbuch‹; dann schrieb er den Scheck aus. Aber üblicherweise war es Vernon Presley, der ihn schickte. Manchmal mußte ich eine Weile warten, aber meistens waren sie prompte Zahler.‹

Hays besitzt noch den letzten Ring, den er für Elvis angefertigt hat. Presley hat das rund achtzehntausend Mark teure Stück selbst entworfen – Brillanten und vier schwarze, ovale Saphire – und es bei seiner letzten Konzerttournee getragen. Während eines Auftritts verlor er einen Stein, als er mit dem Ring gegen etwas stieß. ›Er schickte mich – ich war mit auf Tournee – im Privatjet nach Memphis zurück, damit ich ihn reparierte.‹

Das TCB-Emblem hat in Elvis' Leben eine wichtige Rolle gespielt. Er trug einen großen TCB-Ring, als er beerdigt wurde. Dieser Ring und eine TCB-Halskette bedeuteten ihm viel. Wenn er der Meinung war, daß jemand – ein Bürgermeister zum Beispiel, ein Polizeichef oder irgendeine andere wichtige Persönlichkeit – ihm einen besonderen Gefallen getan habe, schenkte er ihm einen Cadillac. Aber wer ein solches Halsband bekam, wußte, daß er Elvis' Liebe und Vertrauen besaß.

Auch sein Flugzeug trug das Zeichen TCB. Seine Kleidung, seine Schlafanzüge, seine Koffer, alles war mit diesen Initialen versehen. Er dekorierte damit die Leute, die für ihn arbeiteten, schuf so die Erkennungsmarke für seinen kleinen TCB-Club. Nur ganz wenige Leute besaßen das Halsband, aber viele versuchten, es zu bekommen. Ich erhielt viele Anfragen, die Leute waren bereit, jeden Preis dafür zu bezahlen. Die Ketten waren aus vierzehnkarätigem Gold, und Elvis zahlte vierhundert Mark dafür.‹

Hays berichtet, daß Presley sehr großzügig war. Er liebte es, sich auf seinem Bett sitzend mit Juwelen zu umgeben. ›Ich saß dann an einer Seite des Bettes, Joe Esposito und Billy Smith auf der anderen, und wir vier diskutierten stundenlang, welches Schmuckstück zu wem passen würde.‹

Hays bezeichnet seine Freundschaft und die Reisen mit Elvis als ›einen sehr aufregenden Teil meines Lebens. Ich gehörte zu seiner Tourneebegleitung, und es war immer ein Zimmer für mich reserviert.‹«

Unter Presleys Edelsteinsucht hatte niemand zu leiden, in Mitleidenschaft gezogen wurde höchstens sein Konto – und dies schien strapazierfähig. Weniger ungefährlich aber war sein Feuerwaffenfanatismus. Daß ihn die Leidenschaft für Pistolen und Maschinenpistolen nicht vor den Richter gebracht hat, ist das Werk durchaus realer Schutzengel.

Auf seinen Reisen schleppte der Sänger ein Waffenarsenal mit sich herum, das Anti-Terror-Kommandos zum Träumen bringen würde. Zu dieser Sammlung gehörten nicht nur Revolver, Colts und Pistolen unterschiedlichster Kaliber, dazu Gewehre mit Zielfernrohren und Maschinenpistolen, sondern auch Maschinengewehre. Selbst wenn man berücksichtigt, daß Presley wie viele Prominente Drohungen erhielt, ist diese private »Aufrüstung« rational nicht erklärbar. Immerhin war seine vielköpfige Leibwächtergarde ja ebenfalls ausreichend bewaffnet. Doch auch noch bei seinen Auftritten hatte Presley eine handliche Pistole im Stiefelschaft stecken.

Freunde berichten, daß er – ähnlich wie bei Automobilen und Juwelen – beim Besuch von Waffengeschäften in einen wahren Kaufrausch fallen konnte. So erwarb Presley innerhalb von sechzig Minuten in einem Waffengeschäft in Hollywood Feuerwaffen im Wert von beinahe fünfzigtausend Mark.

Aber Presley sammelte dieses gefährliche Spielzeug nicht nur, er benutzte es auch. Zu seinen überlieferten Hobbys gehörte es, in *Graceland* – aber auch in Hotelsuiten – Fernsehapparate »auszublasen«, wenn ihm Programm oder Programmgestalter nicht behagten. Sein Sängerkollege Robert Goulet wurde mehrfach

Opfer solcher Bildschirmattentate. Beschwerden von Hotelmanagern wurden prompt mit Dollarbündeln zum Schweigen gebracht.

Von allen Beteiligten bestätigt wird ein Zwischenfall, der sich im Februar 1974 in einem *Hilton*-Apartment in Las Vegas ereignete. Aus noch ungeklärten Gründen, wahrscheinlich aus schierer Langeweile, feuerte Revolverheld Presley auf ein Gemälde an der Wand. Die Kugel durchschlug die dünne Mauer und krachte nur Zentimeter neben Elvis' Gespielin Linda Thompson, die sich in die angrenzende Toilette zurückgezogen hatte, in einen zersplitternden Spiegel. Ein glücklicher Zufall, daß anstelle einer Anklage wegen fahrlässiger Tötung nur das mühsame Gelächter der Geliebten und Getreuen über diesen »Spaß« des Chefs die Folge war.

Ebenso glücklich endete auch ein Schuß ins Fernsehgerät eines Provinz-Motels. Diesmal traf die Kugel als Querschläger zwar den zufällig anwesenden Leibarzt Dr. Nichopoulos, aber sie prallte gegen eine Zigarettendose, die der weißhaarige Mediziner in der Brusttasche trug. Wieder kam Presley mit einem blauen Auge davon: außer Schock und Spesen nichts gewesen.

Als nach seinem Tod Details über die Schießereien des Sheriffs *honoris causa* bekannt wurden, reagierte die Öffentlichkeit ungläubig. Die Schilderungen wurden als Skandalmärchen abgetan. Kaum jemand erinnerte sich an eine peinliche behördliche Untersuchung, die einige Jahre zurücklag. Doch die im November 1977 veröffentlichte Inventarliste des Testamentsvollstreckers lieferte den Beweis für entsprechende Behauptungen. Allein in *Graceland Mansion* wurden nach dem Tod des Tennessee-Tycoons 47 Feuerwaffen, auch Maschinengewehre, gefunden.

Der erwähnte Vorfall datiert aus dem Jahre 1971. Im Rahmen einer Berichterstattung über eine Morddrohung gegen Elvis Presley hatte ein Mitarbeiter der Tageszeitung *Memphis Commercial Appeal*, James Kingsley, mitgeteilt, daß Presley dauernd eine Pistole im Schulterhalfter trage. Da aber die Gesetze des US-Staates Tennessee den Bürgern das Tragen von Handfeuerwaffen verbieten, geriet der Polizeichef des Shelby County, Roy Nixon, in die Schußlinie. Aber der smarte Sheriff teilte der staunenden Öffentlichkeit mit, daß er Presley bereits im September 1970 als »unbezahlten Spezialsheriff« vereidigt habe. Deshalb dürfe er legal eine Waffe führen. Nixons Alleingang stieß zwar auf die milde Kritik einiger Amtspersonen in Memphis, die offensichtlich nicht ausreichend über die Machtverhältnisse und Hintergründe informiert waren, aber die Sache verlief im Sande. Ebenso wie die mit sanftem Unmut verbreiteten Gerüchte, wonach Presley mehrfach in den Genuß polizeilicher Dienste gekommen sei – natürlich entgegen den geltenden Vorschriften. Die mißliche Erkenntnis, wonach vor dem Gesetz alle Menschen gleich, aber manche eben gleicher sind – wie Elvis Aaron Presley –, sei wiederholt. Und auch der Hinweis, daß Presley seine wertvollen Geschenke nicht gar so wahllos verteilte, wie es den Anschein hatte. Roy Nixon fuhr einen Cadillac, der vom großzügigen Gönner auf *Graceland* bezahlt war. Doch das Wort »Korruption« taucht in keiner Lebensgeschichte Presleys auf.

(Zur Abrundung der Geschichte sei erwähnt, daß sich Roy Nixon, inzwischen Bürgermeister des Distrikts Shelby, um die Jahreswende 1977/78 ähnlich wie sein berühmter Namensvetter in eine Reihe undurchsichtiger Machenschaften verstrickt sieht und, sollte er nicht freiwillig seinen Hut nehmen, mit einem Amtsenthebungsverfahren rechnen muß.)

Presley besaß nicht nur den Sheriffstern von Shelby County, er dürfte solche Plaketten von mindestens der Hälfte aller US-Staaten besessen haben. Dabei handelte es sich wohlgemerkt nicht um Spielzeugorden, sondern um offizielle Dienstmarken, die ihm legitime Sonderrechte garantierten. Auch seine Leibwächter, selbst sein Hausarzt Dr. Nichopoulos, konnten sich mit Sheriffspangen schmücken. Geschichten aus dem Land der unbegrenzten Möglichkeiten ...

Man muß gar nicht einmal zwischen den Zeilen lesen, um die Umrisse der Figur des Elvis Presley von Seite zu Seite deutlicher zu erkennen. Doch der Block mit den Skizzen seines Charakters ist noch nicht durchgeblättert.

Der Sohn armer Hilfsarbeiter war der felsenfesten Überzeugung, übernatürliche Kräfte zu besitzen. Ob dies die irrige Schlußfolgerung aus dem servilen Verhalten seiner Umgebung war, die nur lachte, wenn der »Führer« lachte, die schwieg, wenn sich seine Stirn verfinsterte, die ihm nie widersprach, hündisch jede seiner Anordnungen, und wäre sie noch so närrisch, prompt ausführte? Ob er vergessen hatte, daß er sich diese blinde Loyalität nur erkauft hatte? Ob er nach der Lektüre von Mystik- und Okkultismusschmökern nicht mehr zwischen Traum und Wirklichkeit unterscheiden konnte? Oder ob ihn die zwanzig Jahre hysterischer Anbetung der Millionen Fans, die dürre Grasbüschel aus dem Rasen vor seinem Haus rissen und sie als heilige Reliquien nach Hause trugen, verwirrt haben? Es sei noch dahingestellt. Tatsache ist, daß sich Presley nicht selten als eine Art Mississippi-Messias aufführte.

In einer Klinik in Memphis spielte sich folgende typische Szene ab:

Der Clan-Chef besuchte eine Entbindungsstation, um dem Neugeborenen einer Bekannten die Ehre zu erweisen. Während des Aufenthaltes begegnete er, von der üblichen zahlreichen Entourage begleitet, einer Frau in den Wehen, die auf einer Bahre in den Kreißsaal gerollt wurde. Presley stoppte den Transport und beugte sich über die stöhnende, wimmernde Frau. »Ich bin Elvis Presley, können Sie mich verstehen? Ich werde Ihnen helfen.« Er legte ihr beide Hände auf den Leib und sagte: »Es wird gleich besser. Sie werden es fühlen. Die Schmerzen vergehen. Sie fühlen sich besser. Sie haben keine Schmerzen mehr.« Und in die Stille hinein, die plötzlich in dem nüchternen Klinikgang herrschte, behauptete die kurz vor der Entbindung stehende Frau: »Ja, es stimmt. Mir geht es jetzt viel besser. Danke, Elvis.«

Ohne weiteren Kommentar verließ Presley, seine staunenden Jünger im Gefolge, das Krankenhaus.

Eine makabre, aber wahre Geschichte.

Ein Mann mit derartigen »Fähigkeiten«, mehr noch ein Halbgott als ein König, konnte keinen Widerspruch dulden. Sein Wille war oberstes Gebot für alle, welche ihm dienen durften. Und verirrte sich einmal ein Unwissender, Ungläubiger ins Allerheiligste, dann konnte der Zorn, die Strafe des Ausersehenen, fürchterlich sein.

Sonny West, einer der abtrünnigen Leibwächter, erinnert sich an einen bezeichnenden Zwischenfall, der sich 1963 in Bel Air, Kalifornien, abspielte. Er hatte eines Abends in das Haus seines Ernährers zwei Mädchen mitgebracht, aber Presley war nicht nach Gesellschaft zumute. Er hatte sich mit einigen Freunden in den Billardraum zurückgezogen. Als Sonny auftauchte, wurde er von Elvis an den Spieltisch gebeten. Natürlich war für diesen der Wunsch des Chefs Befehl, und anstelle der beiden Hübschen nahm er sich artig den Billardstock vor.

Einer der jungen Damen, Sonny nennt sie Judy, wurde die Sache offensichtlich bald langweilig; auf der Suche nach ihrem Kavalier stolperte sie in den Spielsalon. Sie entschuldigte sich für die Störung und bat Sonny, seinen Wagen wegzufahren, er blockiere nämlich ihr Auto, und sie wolle jetzt gern nach Hause. Als Sonny diesen Wunsch erfüllen und das Zimmer verlassen wollte, schaltete sich der Hausherr ein.

»Was, zum Teufel, will sie?«

»Nichts, Boss. Ich soll nur mein Auto wegfahren, damit sie aufbrechen kann.«

»Du bleibst hier. Du spielst mit *mir*, Mann. Jemand anderer kann doch den verdammten Wagen wegfahren.«

Judy kam Sonny zu Hilfe. »Tut mir leid, aber ich kenne hier niemanden. Deshalb habe ich Sonny gefragt. Also, Sonny, komm, fahr schnell auf die Seite, dann bin ich gleich weg. Entschuldige, daß ich dich belästigen muß.« Sie hatte einen Fehler gemacht, sie hatte Elvis Aaron Presley nicht sofort gehorcht. Seine Augen zogen sich zu Schlitzen zusammen. Er schrie: »Gottverdammt, hast du nicht gehört, was ich gesagt habe? Such dir einen, der deinen Karren wegfährt.«

Und Judy machte einen weiteren Fehler. Sie schrie zurück: »Fahr zur Hölle, du Hurensohn!«

Sekunden später brach sie lautlos zusammen. Elvis Presley hatte ihr seinen Billardstock gegen die Brust geschleudert. Das Mädchen wurde ohnmächtig weggetragen.

Eine Klage wegen Körperverletzung – Judy trug eine bleibende Brustverletzung davon – wurde nie eingereicht, dank der Schutzengel mit den grünen Scheinen.

Es wäre wirkungsvoll, eine Schilderung von Presleys Charakter damit abzuschließen, aber es wäre weder fair noch korrekt. Presley taugt nicht für Schwarzweißmalerei, dazu war er zu kontrovers. Der Junge, von dem seine Lehrerin Miss Richmond sagt: »Er war ruhig und freundlich; wir alle waren von seinen tiefen religiösen Überzeugungen beeindruckt«, verwandelte sich nicht in einen totalen Teufel in Menschengestalt.

Er ließ sich verderben, und er verdarb andere, aber der gute Kern seiner Herkunft, seiner Erziehung (die zu früh endete) war nicht abgestorben. Er half, förderte und unterstützte Menschen und Organisationen, ohne diese Dienste sofort in Publicity zu ver-

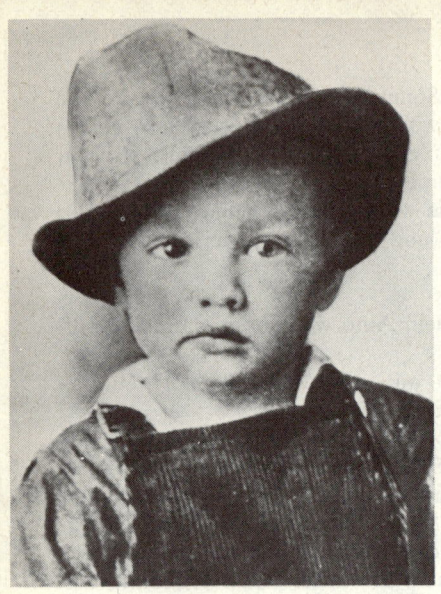

Elvis in Tupelo 1938   . . . in Memphis 1949

. . . in Hollywood 1960   . . . und am Ende

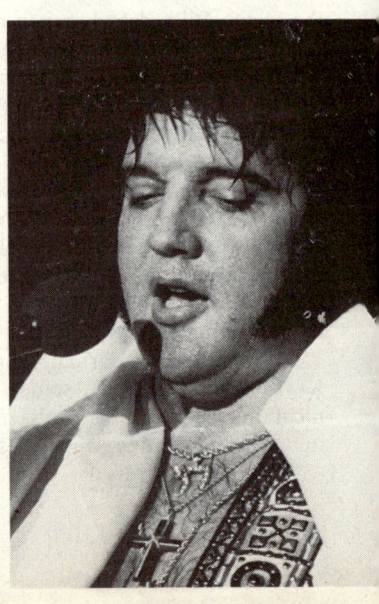

Elvis im Jahre 1954 (Porträt von William Speer)

Joe ›Diamond‹ Esposito und Dr. Nichopoulos (rechts)

Dr. Jerry T. Francisco

Dr. Eric E. Muirhead

Ein Leichenwagen mit dem Körper des Toten nach der Obduktion vor dem Baptist Memorial Hospital

Luftaufnahme von Graceland Manson (obere rechte Bildseite), aufgenommen am 17. August 1977. Die trauernden Verehrer, die darauf hoffen, einen kurzen Blick auf den in seinem Haus aufgebahrten Toten werfen zu können, bilden eine Menschenschlange, die sich um den ganzen Häuserblock zieht (untere Bildseite).

Vernon Presley am Grab seines Sohnes. Mittelpunkt des ›Meditation Garden‹ ist ein Spring-
brunnen mit insgesamt sechs Fontänen. Neben den Gräbern von Elvis und seiner Mutter stehen
zwei Christusfiguren und ein etwa vier Meter hohes Kreuz.

Ein Bild, das um die Welt ging: eine Reihe weißer Cadillacs bildet die Spitze des Konvois prominenter Trauergäste, die Presley auf seiner vorletzten Reise am 19. August 1977 von Graceland Manson zum Forest-Hills-Friedhof begleiten. Am 2. Oktober werden die Särge mit seiner und seiner Mutter Leiche ohne großes Aufsehen auf das Privatgrundstück zurückgebracht.

Vater Vernon Presley verläßt das Nachlaßgericht, nachdem er zum Vollstrecker des Testaments seines Sohnes bestellt wurde. Es dauert mehrere Wochen, ehe er eine vorläufige Aufstellung des Vermögens erarbeitet hat. Einige Millionen Dollar muß er sofort abbuchen: die Abfindung für seine Frau Dee.

Die vierzehnjährige Priscilla Beaulieu beim Abschied Presleys auf dem Militärflughafen Frankfurt. Militärpolizisten hatten sie hinter die Absperrung zurückgedrängt.

Priscilla Presley mit ihrer Tochter Lisa Marie. Aus Angst vor Kidnappern leben sie heute, von Leibwächtern abgeschirmt, hinter elektrisch geladenen Zäunen. Ähnlich wie früher der Papa.

G. I. Blues – Bei den Dreharbeiten mit Juliet Prowse

G. I. Goodbye – mit der Entlassungsurkunde der Armee

Elvis in dem 1956 gedrehten Film ›Jailhouse Rock‹

Der doppelte Elvis – in ›Kissin' Cousins‹

Drehpause in Hollywood: Producer Hal Wallis, Juliet Prowse, Elvis und ›Colonel‹ Tom Parker, der, zur allgemeinen Gaudi das ›G. I. Blues‹-Team in der Uniform eines Südstaaten-Offiziers besucht.

Elvis und Frank Sinatra, der zumindest bis zum Beginn der Dreharbeiten ›ständiger Begleiter‹ seiner Favoritin Juliet Prowse war. Zur allgemeinen Überraschung aber ließ er dem Jüngeren den Vortritt.

Eine Faszination, die nie nachließ: Elvis in Las Vegas

wandeln und ohne Spekulationen auf einträgliche Dankbarkeit.

Eine der rührendsten Geschichten aller Presley-Historiker hat das Schicksal zweier englischer Teenager zum Inhalt. Die beiden Mädchen fielen den Wächtern von *Graceland* auf, weil sie eine ganze Nacht vor dem Tor kauerten und unaufhörlich weinten. Elvis erfuhr davon, ließ sie ins Haus bringen und ihnen Frühstück servieren. Dabei erfuhr er ihre Geschichte. Sie waren nach dem Tod ihres Vaters mit ihrer Mutter aus England eingewandert. In Amerika hatten sie sich eine neue Existenz aufbauen wollen. Aber wenige Tage zuvor war ihre Mutter bei einem Unfall ums Leben gekommen. Sie waren jetzt Vollwaisen, ohne einen Cent in der Tasche.

Presley zahlte nicht nur die Rückreise für die beiden Mädchen, er trug auch die Kosten für die Überführung ihrer toten Mutter und für das Begräbnis. Presleys Sekretärin Becky Yancey schrieb in ihrem Buch *My Life with Elvis:* »Das war für Elvis typisch. So etwas hätte er tun können. Aber er hat es nicht getan, die Geschichte ist erfunden. Ein Märchen. Viele Verehrer haben Elvis für seine Großzügigkeit in diesem Fall gedankt, und ich bin sicher, daß viele sie immer noch für wahr halten. Aber sie ist nie passiert.«

Aber Becky Yancey, eine zuverlässige Informantin – auch sie schrieb Schecks aus –, berichtet nicht nur über erfundene Wohltaten, sie weiß von wirklichen Geschenken. So verschaffte Presley 1975 seinem nicht sonderlich erfolgreichen Sängerkollegen T. G. Sheppard einen umgebauten Greyhoundbus, mit dem er und seine Begleitband auf Tournee gehen konnten. Bis zum Erscheinen von Beckys Buch, das der amerikanische Journalist Cliff Linedecker nach ihren Angaben schrieb, war diese Tatsache unbekannt. 1964 überließ Elvis einen luxuriösen Rolls-Royce, damals gut und gern hunderttausend Mark wert, der Frauen-Wohltätigkeitsorganisation SHARE. Er kaufte für cirka hundertzwanzigtausend Mark die ehemalige Präsidentenyacht *Potomac* und stiftete sie dem St. Jude's Kinderkrankenhaus in Memphis.

In Tupelo erwarb der Sänger sein Geburtshaus und ließ den *Elvis Presley Memorial Park* mit Spielplätzen, einem Schwimmbad und einer Turnhalle ausbauen: ein Geschenk für die Kinder seiner Heimatstadt. »Ich wollte den Kindern dort eine Möglichkeit geben, die ich selber nie hatte: sich zu erholen und sich zu freuen.«

Er ließ Geld an die Familie eines Polizisten überweisen, der bei einem Feuergefecht mit Gangstern schwer verletzt worden war. Unzählige Namenlose, die ihm brieflich ihre Sorgen mitteilten, erhielten Geldgeschenke. Einen querschnittgelähmten Verehrer in Memphis machte er zum Leiter seiner Verehrerpost- und Klubzentrale – mit regelmäßigem monatlichem Einkommen. Ein Resultat seines Hits *Teddy Bear* waren mehrere tausend Spielzeugbären, die ihm seine Verehrer aus aller Welt schickten. Er spendete sie der *National Foundation for Infantile Paralysis*. Die Versteigerung des Bärenberges brachte einen gehörigen Dollarbetrag in die Kasse der karitativen Gesundheitsorganisation. Mitte der sechziger Jahre überwies er fast zweihundertfünfzigtausend Dollar, beinahe siebenhunderttausend Mark, an den *Motion Picture Relief Fund* in Hollywood, aus dem ältere, verarmte Schauspieler in Krankheits- oder anderen Notfällen unterstützt wurden.

Als er in Deutschland zum Sergeanten befördert wurde, schenkte er einem Waisenhaus einen größeren Geldbetrag. Diese Stiftung wurde nur durch eine Indiskretion bekannt.

Während der Dreharbeiten für den Film *Double Trouble* (1966) erfuhr er, daß eine seiner Partnerinnen jeden Tag einen Kilometer weit zu Fuß ins Studio gehen mußte, da sie kein Auto besaß. Tags darauf überraschte Presley sie mit einem funkelnagelneuen Ford Mustang. Er überreichte ihr Schlüssel samt Wagenpapiere mit den Worten: »Jetzt hoffe ich nur, daß Sie überhaupt Auto fahren können.« Um möglichen Irrtümern vorzubeugen: Diese junge Kollegin war nicht und wurde auch nicht seine Geliebte.

Der Journalist Stanley Booth zitiert in einem Artikel für den *Esquire* (Oktober 1968), der sich mit Presleys Farm in Mississippi beschäftigte, Presleys Onkel Travis, der dort als Verwalter fungierte: »Vor ein paar Wochen war ein Mann aus Hernando hier, um den Zaun zu reparieren. Elvis fuhr mit einem der neuen kleinen Lastwagen hin. Der Arbeiter grüßte und meinte dann: ›Da haben Sie aber einen schicken Wagen. So einen wollte ich schon immer haben. Könnte ihn gebrauchen.‹ Darauf antwortete Elvis: ›Haben Sie einen Dollar?‹ Der Bursche bejahte und gab ihn Elvis. ›Der Lkw gehört Ihnen‹, sagte Elvis und ging zu Fuß zur Ranch zurück.«

Für eine alte, gehbehinderte Negerin, über deren trauriges Los eine der Tageszeitungen von Memphis berichtet hatte, kaufte er das teuerste Rollstuhlmodell auf dem amerikanischen Markt. Auch in diesem Fall gab es kein großes Zeremoniell. Das Gefährt wurde spontan besorgt, auf einen Laster geladen und der alten Dame mit ein paar kurzen Worten überreicht.

Aus der Sonderausgabe der Zeitschrift *Tattler* stammt folgende Story:

»Das gigantische Auditorium vibriert vom Sound der elektrischen Gitarren, als ›Der König‹ an die Rampe der Bühne tritt. Unter ihm ein Meer hochgereckter Arme, die nach dem Schal gieren, den er sich vom Hals zieht und hinuntergleiten läßt.

Ein Mädchen mit weit aufgerissenen Augen, vielleicht zehn Jahre alt, erringt den Preis und preßt den Schal glücklich an die Brust. Aber Sekundenbruchteile später reißt eine Frau, vielleicht Mitte der Zwanzig, die Trophäe aus den Händen des Kindes.

Elvis hat die Szene beobachtet und hebt die Hand, die Musiker brechen ab, das Geschrei in der Halle verebbt, es wird plötzlich mucksmäuschenstill. ›Liebes, komm' herauf.‹ Presley zeigt auf das weinende Mädchen. ›Wächter, bringt das Kind hierher!‹ Während die Kleine unsicher auf den Superstar zugeht, nimmt er eine Goldkette ab, an der ein großes, mit Brillanten verziertes Kreuz baumelt. Er kniet nieder und hängt dem Mädchen die Kette um den Hals. Dann küßt er sie auf die eine Wange, während sie die Tränen von der anderen wischt.

›Das gehört dir, Kleines‹, sagt er, ›und niemand wird es dir wegnehmen.‹ Er wendet sich an einen seiner Leibwächter: ›Du bleibst bei ihr und gibst acht.‹

Nachdem das Mädchen die Bühne verlassen hat, nimmt Elvis die Show unter donnerndem Applaus wieder auf, im Publikum ein Kind, das ein Brillantkreuz im Wert von fünfundzwanzigtausend Mark festhält.

Dieser Zwischenfall passierte während einer Vorstellung in Monroe, Louisiana. Die Presse berichtete nie darüber, aber er symbolisiert den Menschen Elvis Presley.«

Die Schriftstellerin Ruth Pierce stellt in ihrem »Requiem« fest: »Und jetzt, nach seinem Tod, werden die geplanten, bereits ausverkauften Konzerte zu Gedenkfeiern. Der Erlös fließt dem ›Verein zur Erforschung von Herzkrankheiten‹ zu. Elvis, ein wohltätiger Mann, würde seine Zustimmung geben.«

Wer den Versuch unternimmt, Elvis Presleys Bedeutung, seinen Einfluß und Stellenwert, seine Wirkung auf die Massen zu definieren und analysieren, kommt um die Feststellung nicht herum, daß sich nicht nur sein vor zwanzig Jahren so leidenschaftlich umstrittenes Auftreten – mit kreisenden, stoßenden Hüften und sinnlichem Stöhnen – heute im Vergleich zu den abartigen Exzessen der Punk-Rock-Horrorfiguren wie harmloses Kasperletheater ausnimmt, sondern daß auch sein persönlicher Lebensstil, gemessen an den Allüren und Affären mancher seiner Nachfolger, die mit Kot und Präservativen übersäte Hotelzimmer verlassen, täglich Kokain und Heroin brauchen und sich als Höhepunkt der Schau vor ihren Bewunderern erbrechen, als konservativ bezeichnet werden kann.

Das *New York Times Magazin:* »Er posierte nicht mit Yoko Ono im Bett . . .«

Stock-konservativ war auch seine politische, gesellschaftliche, weltanschauliche Grundierung, das heißt, politische Strukturen wurden nie sichtbar – sie interessierten ihn nicht. Er unterschied sich in seiner Ein- und Wertschätzung der Farbigen nicht einen Deut von den diesbezüglichen Maximen der Majorität in den Südstaaten. Die »Nigger« sind nun einmal da, für manche Dienstleistungen – Müllabfuhr und Gospelsingen, zum Beispiel – sind sie auch hervorragend qualifiziert, aber zu nahe kommt man ihnen tunlichst nicht. Die überlieferten Vorurteile gegen Katholiken und Juden pflegte der Superstar genauso wie viele seiner Landsleute.

Revolutionär an Elvis war nur seine Musik, die Wirkung seiner Musik. Aber über die wirklichen Ursachen und Dimensionen des Phänomens Presley hat er selbst kaum etwas gewußt. Seine eigene Schubkraft für die kulturelle Entwicklung des zwanzigsten Jahrhunderts, ihre Quellen und Qualität, waren für ihn intellektuell nicht faßbar. Dafür war er zu uninteressiert und ungebildet. Er hat, das muß man sich klarmachen, kaum etwas von der Welt gesehen – gemessen an den Möglichkeiten, die sich ihm boten. Tupelo in Mississippi (ein Nest) und Memphis in Tennessee (die sehr schöne, gepflegte, aber provinzielle Halbmillionen-Baumwollmetropole) sind wohl die einzigen Städte der Welt, die Presley einigermaßen kennengelernt hat. Die vielen Marktflecken, in denen er als unbekannter Hillbillysänger gastierte, dürften weltbilderweiternd nicht auf ihn gewirkt haben; Los Angeles und Las Vegas, zwei Zentren späterer Jahre, genoß er hauptsächlich aus den Fenstern der Wolkenkratzerhotels und Luxuslimousinen. Er besuchte weder Bars noch Partys, weder Theater noch Sportplätze oder Museen. Außer einigen Kasernen und Truppenübungsplätzen bekam er auch während seiner Wehrdienstzeit in Deutschland wenig zu Gesicht – allerdings besuchte er während der anderthalb Jahre in Europa an einem Wochenende Paris und den Lido.

Einmal machte er mit seiner Begleitung Urlaub in Vail, dem netten Wintersportort in Colorado – einem auch vom späteren Präsidenten Ford bevorzugten Erholungsgebiet –, aber er wurde nie unter den Gästen gesichtet; sogar eine Einladung der Familie Kennedy lehnte er ab. Nur nachts schlich er aus seinem Hotel, um, mit einer riesigen Schneebrille geschützt, extra für diese Anlässe beleuchtete Hänge mit dem Skibob hinabzusausen.

Für Hawaii, das er während der Dreharbeiten für den Film *Blue Hawaii* (1961) kennen- und schätzengelernt hat, gilt dasselbe wie für Las Vegas und Hollywood: er sah Haus und Hotel – aber kaum Land und Leute.

In der Zeit vom Sommer 1969 bis zu seinem Tod im Sommer 1977 hat der »König des Rock 'n' Roll« Hunderte, ja Tausende öffentlicher Konzerte in den Vereinigten Staaten gegeben. Aber außer Flugplätzen, Hotelsuiten, Garderoben und Konzertauditorien lernte er nichts näher kennen. Elvis Aaron Presley kannte weder sein eigenes Land noch seine Landsleute. Es stimmt nicht, daß er sich für Menschen interessierte. Seine Marionetten und Mätressen waren ihm genug.

Wie keimfrei abgeschirmt, wie isoliert Presley durch seine eigene Organisation war, geht aus einem Bericht hervor, den David Stanley als Sonderdruck unter dem Titel »Die letzte Tournee« nach dem Tod seines Halbbruders in Amerika verkaufte:

»21. Juni 1977. Wir waren von Rapid City in South Dakota nach Lincoln in Nebraska geflogen, wie immer unmittelbar nach dem Konzert. Das war die Regel auf Tournee. Wir rasten mit Elvis davon, das Geschrei der Fans noch in den Ohren, direkt zum Flughafen, wo die ›Lisa Marie‹ startfertig wartete.
Als wir in Rapid City ankamen, verlief die Ankunft wie üblich. Die Limousinen fuhren so nah wie möglich seitlich an die

Maschine heran, Joe Esposito, ich und zwei andere Sicherheits-
männer hetzten die Treppe hinunter und öffneten alle Türen.
Dann kamen Elvis und Ginger und kletterten in das erste Auto.
Die Plazierung war immer dieselbe: Elvis saß auf dem rechten
Rücksitz, Ginger in der Mitte und ich links, Joe Esposito vor
mir auf einem Klappsitz. Vorn im Wagen nahmen der Fahrer,
ein örtlicher Polizist, Dick Grob oder Sam Thompson Platz . . .
Sobald Elvis und seine unmittelbare Begleitung eingestiegen
waren, fuhr der Wagen nonstop ins Hotel . . . Wir betraten das
Hotel durch den Hintereingang, um den anderen Gästen aus
dem Weg zu gehen. Sam Thompson führte uns schnurstracks zu
den Personalaufzügen. Wir hatten die drei oberen Stockwerke
reserviert . . . Bis alles Gepäck richtig sortiert und auf die Zimmer verteilt war, war Elvis schlafen gegangen. Den nächsten
Tag verbrachten wir wie üblich im Hotel mit Schlafen und Ausruhen. Am frühen Abend begann sich Elvis für die Vorstellung,
die für 21.30 Uhr angesetzt war, herzurichten . . . Am Veranstal-
tungsort ging er direkt vom Auto auf die Bühne . . .
Zwei Titel vor Schluß wurde es Zeit, sich auf die entscheidenden
Augenblicke am Ende des Konzerts vorzubereiten . . . Das war
der Generalstabsplan: Joe und Dick schlüpften unbemerkt auf
die Bühne hinter die Musiker. Elvis' Position war zu diesem
Zeitpunkt die Bühnenmitte. An der rechten Bühnenseite gingen
dann Dean, Ricky und ich in Stellung, auf der anderen Seite
Al Strada und Ed Parker. Mit dem letzten Ton steckte Elvis das
Mikro auf den Ständer und stellte während des Schlußapplauses
als Höhepunkt der Show physischen Kontakt mit dem Publikum
her, das heißt, er ging an die Bühnenrampe, zu erst rechts, dann
links vorn, schüttelte kurz einige der ausgestreckten Hände und
wechselte ein paar Worte. Unsere Aufgabe war es, genau aufzu-
passen, daß niemand einen gefährlichen Gegenstand auf die
Bühne warf oder Elvis herunterzog . . .
Nachdem er auf diese Art so viele Fans wie möglich begrüßt
hat, ist es die Hauptsache, ihn unbeschädigt von der Bühne zu
kriegen. Wir lassen ihn jetzt nicht mehr aus den Augen und
warten auf die vereinbarten Signale. Wenn Elvis zur Bühnenmitte zurückgeht, sitzen wir gespannt in den Startlöchern.
Er hebt die Hand über den Kopf und verbeugt sich dann langsam und tief, läßt dabei die Arme hängen. Dann springt er

plötzlich in eine Karatestellung – die Pferdposition –, den linken Arm vorgestreckt, den rechten über dem Kopf, zwei Finger gespreizt. Wir beobachten diese beiden Finger, als ob unser Leben davon abhinge. Denn sobald er die beiden Finger bewegt, rennen wir los.
Elvis verläßt sofort, ohne Verzögerung, die Bühne, ich sause zur Treppe, um ihm dort zu helfen, denn er hatte ja keine Möglichkeit, sich vom grellen Bühnenlicht an die Dunkelheit zu gewöhnen. Während die anderen Jungs die Bühne sichern und verhindern, daß begeisterte Zuschauer hinaufklettern, geleite ich Elvis zum Bühnenausgang, direkt zum wartenden Auto . . .
Der Fahrer hat seinen Rückspiegel unentwegt beobachtet. Sobald Elvis eingestiegen ist und die Tür hinter sich zugeschlagen hat, fährt der Wagen los, ohne auf die anderen zu warten. Direkt zum Flughafen oder zum Hotel . . .«

Das Publikum in Rapid City war unbewußt Zeuge eines historischen Show-Ereignisses geworden. Es sah das letzte öffentliche Auftreten Presleys. 58 Tage später wurde im Baptist Memorial Hospital sein Tod bekanntgegeben.

Wer und was war Elvis Presley? Warum und wie nahm sein
Leben einen so tragischen Verlauf? Wie groß ist seine eigene, wie
groß die Schuld seiner Berater, Freunde, Familie? War sein
Schicksal vorgezeichnet? Millionen glauben an den bestimmenden
Einfluß astrologischer Konstellationen. Die persönliche Meinung
des Verfasser bleibt unberücksichtigt, wenn nachfolgend zwei
Horoskope, die Elvis Presley 1970 und 1976, ein Jahr vor seinem
Tod, gestellt wurden, hier auszugsweise wiedergegeben werden. Es
geschieht in der Absicht, alle greifbaren Informationen zusammen-
zufassen.

Zuerst ein Horoskop von Graf John Manolesco, der – in
Rumänien geboren – während des Zweiten Weltkrieges im Dienst
des englischen Secret Service stand. Es wurde vom Magazin *Tattler* vor zwei Jahren erstveröffentlicht:

»Geboren am 8. Januar 1935, 12.20 Uhr, in Tupelo, Mississippi,
ist Elvis Aaron Presley ein Steinbock mit Widder im Aszenden-
ten.
Der Steinbock-Widder-Planetenstand kann in Verbindung mit
den ›falschen‹ Sternen sehr übel sein. Aber Elvis hat einen aus-
gleichenden Faktor: sein Mond ist Saturn, was die negative Seite
seiner Veranlagung mildert, zumindest soweit die Umwelt
betroffen ist.
Saturn bedeutet Arbeit und Erfolg im Umgang mit der Öffentlichkeit. Aber soweit es sein Privatleben betrifft, ist er nicht in
einer so vorteilhaften Lage.
Mit Uranus im Ersten Haus ist Elvis unkonventionell, rebellisch
und schwierig im Umgang mit Menschen, die ihm nahestehen.
Sein Aszendent macht ihn aggressiv und streitsüchtig, aber
gleichzeitig verleiht er ihm eine gehörige Portion Enthusiasmus,
Energie, sexuelle Potenz und Optimismus.
Er steht mitten in einem Neuanfang, sowohl privat als auch
beruflich. Mit Jupiter in seinen Sternen ist er im Aufwind. Aber
sobald die Jupiterkonstellation vorüber ist – 1977 und später –, kann er sich einer Krise gegenübersehen, die ernster ist
als alles in der Vergangenheit. Presley wird in der nächsten Zeit
geschäftliche Erfolge haben, neue Schallplattenproduktionen

und Auftritte, und dieser Umstand kann ihn möglicherweise von seinen privaten Schwierigkeiten eine Weile ablenken. Elvis' Mond steht im Zwillingszeichen. Dies ist der Gund für sein ungewöhnliches rhythmisches und musikalisches Talent. Diese Konstellation ist auch für die Bewunderung und Verehrung verantwortlich, die er genießt, und die ihn in einer Art Wechselwirkung immer wieder anspornen.

Ratschläge seines Managers und der Freunde werden von ihm ignoriert werden. Presley kann 27 Tage eines Monats in Lethargie verharren, unfähig, mit dem Alltag fertig zu werden, aber er kann dieses Minus in den drei Tagen ausgleichen, in denen der Mond von Zeichen zu Zeichen wechselt.

Er hat drei Planeten – zwei positive und einen negativen – in seinem Sechsten Haus, dem Haus der Arbeit und Gesundheit. Da ist Neptun mit seinem irritierenden, konfliktbringenden, widersprüchlichen Einfluß. Aber Mars und Jupiter garantieren ihm Perioden, in denen er besessen arbeiten kann, unabhängig von dem Vorhergesagten. Immer wenn Mars oder Jupiter sich mit Zwilling kreuzen, wird er arbeiten, ungeachtet der schlechten Aussichten. Es war diese Zwillingskombination, seine Probenbesessenheit und sein Geschick, Chancen zu erkennen, die ihn aus einfachsten, ärmlichen Verhältnissen zum weltberühmten Star aufsteigen ließen. Aber es ist die Konstellation im Sechsten Haus, die ebenfalls gesundheitliche Probleme birgt. Er kann sich wortwörtlich ›zu Tode arbeiten‹. Mars und Neptun bedingen in diesem Zusammenhang eine Neigung zu gefühlsmäßiger Unausgeglichenheit.

Elvis hat eine starke Familienbindung, ersichtlich aus dem Mond-Zwillings-Stand. Das Fehlen eines Elternteils und der daraus resultierende Verlust einer tiefen gefühlsmäßigen Bindung drängt ihn zu anderen Frauen, ohne daß er dabei seine Fähigkeit zu lieben ausschöpfen kann. Schlechte Venusaspekte stören Waage, sein Haus der Ehe, und sorgen für Schwierigkeiten.

Sonne und Merkur im Steinbock, seinem Zehnten Haus, dem Haus für Ruhm und Erfolg, bestätigen sein Glück, zur rechten Zeit die richtigen Leute zu treffen. Aber Saturn im Elften Haus, dem Haus der Freunde und Verbindungen, zeigt, daß er egozentrisch, abweisend und gefühllos sein kann.

Dieser Mann erschrickt, wenn er feststellt, daß er Gefühle und Empfindungen hat. Er hält sich abseits, denn immer, wenn ihn Gefühle übermannen, besteht die Gefahr seelischer Probleme, hervorgerufen durch innere Zerrissenheit.

Er braucht dringend sachkundige Hilfe in Krisenzeiten. Aber einige Aspekte vom Steinbock bringen es mit sich, daß er nicht die Person ist, die sich in die Hände eines Fachmannes begibt. Er ist ängstlich, stolz, anmaßend, hat fortwährend Auseinandersetzungen. Früher oder später wird er alles hinwerfen. Eine Persönlichkeit mit ähnlicher Konstruktion war Voltaire . . .

Obwohl ich vorausgesagt habe, daß 1976 für Elvis ein neuer Anfang sein wird, ein hervorragendes Jahr, soweit es seine Zuversicht, seine Begeisterung und sein Glück betrifft, so ist er doch, auf längere Sicht gesehen, ein Verdammter.«

Das Horoskop von Antonia Lamb wurde vom einzigen ernst zu nehmenden Presley-Biographen, dem amerikanischen Journalisten Jerry Hopkins, für interessant genug empfunden, es in seinen 1971 erstmals publizierten Bestseller »Elvis – Eine Biographie« aufzunehmen:

»Allgemeiner Kommentar:
Das Gesamtbild ist schizoid. Er ist die sonderbare Mischung eines Empfindungslosen und Sentimentalen zugleich, fähig sowohl extremer gefühlsmäßiger Intensität als auch entsprechender Kälte. Wenn er etwas tut, tut er es total. Wenn er etwas ablehnt, ist es ratsam, ihn nicht zu bedrängen, sondern zu warten, bis er selbst zur Einsicht kommt. Ein Idealist, der unentwegt fürchtet, verletzt zu werden, der unentwegt versucht, sich gegen Angriffe zu schützen. Er hat seine eigenen Antriebskräfte – man könnte sie ungewöhnlichen Egoismus nennen –, aber es liegt auch Unpersönlichkeit in dieser Selbstsucht, Naivität oder das Unvermögen, sich einen anderen Weg vorzustellen. Er verkörpert das Gesetz der Natur.

Es gibt viele grundlegende Konflikte. Er ist sehr mißtrauisch, aber zugleich sehr leichtgläubig. Seine Vorstellung von der Welt ist idealistisch, und die Aufrichtigkeit, die er sucht, basiert auf dieser Idealvorstellung. Er gehört wahrscheinlich zu den Menschen, die immer etwas böse darüber sind, daß die Menschen nicht so sind, wie sie sein sollten. Sein Weltbild ist eng, starr, voreingenommen, eigenwillig. Er kann seine Ansicht ändern, aber nicht, um anderen einen Gefallen zu tun. Ich nehme an, sein Leben ist das eines liebenswürdigen Diktators.

Er ist ungezügelter, wilder Temperamentsausbrüche fähig. Er wird von der Vorstellung gequält, er werde schlecht behandelt, und wird deshalb wütend. Er hat die Neigung, Mitarbeiter schnell einzustellen, sie aber ebenso schnell wieder zu entlassen – Ausdruck sprunghafter Launen im Umgang mit Menschen, die für ihn arbeiten. Er hat die Fähigkeit zu geben, unerwartet schöne Geschenke zu machen, wobei es ihm leichter fällt, Dinge zu verschenken als sich selbst. Er möchte wirklich sicher sein, daß die Menschen, für die er etwas übrig hat, keine Sorgen haben. Er kann sehr liebenswürdig sein, reagiert spontan und nicht mit halbem Herzen, aber sein Interesse für Dinge hält meist nicht lange vor.

Er gehört zu den Leuten, die leicht an ›Verfolgungswahn‹ leiden. Er läßt sich ausnützen, fürchtet aber, ausgenützt zu werden; dies erklärt seine wechselhaften Stimmungen. Er ist viel schüchterner, als ihm lieb ist. Er muß immer Leute um sich haben, findet in ihnen ein wenig Sicherheit. Und er hungert so sehr nach Anerkennung, daß er sie auch von Menschen entgegennimmt, die er perönlich nicht respektiert. Er braucht Komplimente für seine Selbstsicherheit und reagiert unbeherrscht auf Kritik, dabei ist er ein selbstkritischer Perfektionist.

Sein äußeres Erscheinungsbild ist ihm sehr wichtig. Sein Geschmack ist ausgefallen, eher laut als unaufdringlich, aber dennoch konventionell.

Er ist gegen Ungerechtigkeit, aber eigentlich interessiert ihn nur, was sich direkt um ihn herum abspielt; letztlich ist er gleichgültig; er ist nicht der große Menschenfreund, der er so gern sein möchte. Er unternimmt viele Dinge nur, weil sie zu dem Image passen, das er von sich selbst hat.

Politik läßt ihn im Grunde kalt, er reagiert nur, wenn er sich selbst betroffen fühlt, dann aber gebärdet er sich wie ein gewalttätiger Revoluzzer.

Er läßt sich nicht von Frustrationen auffressen. Sein Durchhaltevermögen ist gut, er überwindet Enttäuschungen, ›beißt sich durch‹. Seine Besitztümer wechseln: oft spontan erworben, erlischt ihre Bedeutung für ihn meist ebenso schnell. Auch Geld bedeutet ihm nicht sonderlich viel.

Gefühle / Sexualität:
Sein geistiger Reifeprozeß ist langwierig und hat erst in den letzten Jahren eingesetzt. Es dauert lange, ehe er Liebe oder Zuneigung Raum gibt, aber ist es einmal geschehen, sind es anhaltende Gefühle, die er nicht sehr schnell ändert. Trotz der vielen Oberflächlichkeiten sind seine Empfindungen beständig, sehr traditionell, sehr solid.

Als Kind hatte er einige traumatische, gewalttätige Erlebnisse, die ihn erschreckten, es ist deshalb nicht leicht für ihn, spontane Zärtlichkeit zu entwickeln. Gewalt bestimmt auch sein Verhältnis zu Liebe und Schmerz. Das macht ihn beinahe zu einem Sado-Masochisten. Er verehrt Frauen aufrichtig, ist aber auch fasziniert vom ›sündhaften Weib‹. Er mag keine erwachsenen oder älteren Frauen, sondern bevorzugt Mädchen mit mütterlichem Image. Er besitzt einen starken Sexualtrieb, aber eine gehörige Portion dieser sexuellen Energie wird vo seiner Arbeit verbraucht. Sex ist ihm hauptsächlich eine physische Notwendigkeit.

Familie:
Er ist ein leidenschaftlicher Familienmensch: Heim und Herd sind ihm wichtig – und die Mutter als beherrschender Faktor. Vermutlich ist er oft melancholisch, denn seine Mutter – als sie noch lebte – hat ihn dafür empfänglich gemacht. Sie litt an Trunksucht, das ist ein offenes Geheimnis, die Spur eines Melodramas.

Er hat wahrscheinlich so lange nicht geheiratet, weil er sich so exponiert fühlte und keine Bindung eingehen wollte, oder er hegte heimliche Zweifel an seiner Ebenbürtigkeit. Seine Vatergefühle sind beeinträchtigt – es kann bedeuten, daß er keine anderen Kinder mehr haben kann, daß er mit seinem Kind Schwierigkeiten haben wird oder daß er ein heimliches Kind besitzt; irgend etwas stimmt nicht. Außerdem besteht ein Geheimnis, das mit Inzest zu tun hat. Er liebt Kinder, wenn sie aus dem Kleinkindalter heraus sind und noch zu jung, um beängstigende Probleme heraufzubeschwören, aber schon alt genug, um zu lernen und zu begreifen. Er würde Kinder adoptieren oder Kinder, die nicht seine eigenen sind, unterstützen.

Charakter:

Sein Charakter und seine Gefühle sind eng verwoben. Er ist ein fast totaler Instinktmensch. Er kann wohl Tatsachen erkennen, reagiert aber fast ausschließlich instinktiv. Intuition beherrscht ihn stärker als der Intellekt. Ich glaube, daß er eine hellseherische Gabe besitzt, die nur für Sekunden funktioniert und ihn in die Lage versetzt, Menschen zu dirigieren. Er weiß, was passieren wird. Seine Ahnungen stimmen, falls er nicht gefühlsmäßig engagiert ist. Aber selbst dann treffen sie zu, wenn er nicht den Versuch macht, sie zu ergründen.

Gesundheit:

Er besitzt enorme physische Energie meist nervöser Art, die er aus dem Kontakt mit anderen Menschen bezieht. Darum braucht er immer Partner; er kann Kraft aus ihnen schöpfen. Er ist widerstandsfähig, kann große Anstrengungen durchstehen. Aber es sind nervöse oder drüsenbedingte Symptome vorhanden, die Ärzte nicht genügend erkennen, und seine Fähigkeit zu verdauen, aufzunehmen, ist nicht besonders gut. Er sollte nicht zu viel und nicht zu schwer essen und nicht rauchen. Er interessiert sich für Diäten, kann in dieser Beziehung ganz fanatisch sein. Alkohol ist Gift für ihn, und seine Vorliebe für Aufputsch-mittel ist gefährlich für Leber und Nieren.

Wie reich, wie wohlhabend war Elvis Presley? Zu diesem in unserer Zeit offensichtlich so wichtigen Thema wurden beinahe noch wildere Thesen beigesteuert als zur Frage nach der exakten Todesursache. Die gigantischste Spekulation liefern die Autoren des Buches »Elvis Presley – The King«, Michael Preute und Renate Guldner: »Wir müssen mit der Feststellung beginnen, daß Elvis Aaron Presley ungefähr achthundert Millionen Dollar hinterließ.«

Hinweise, auf welche Informationen sich diese Behauptung stützt, fehlen. Achthundert Millionen Dollar, das sind fast 1,8 Milliarden Mark. Solche Rechnungen kann nur aufmachen, wer die Realität, »Colonel« Parker und Uncle Sam vergißt.

Zu keiner Zeit und von keiner zuverlässigen Quelle wurden die Einnahmen, die Elvis Presley in den 23 Jahren seiner Karriere erzielte, verbindlich und offiziell mitgeteilt. Bruchstücke, mehr geraten als geprüft, Gerüchte, Informationen aus zweiter Hand – mehr Material steht nicht zur Verfügung.

Bekannt aber ist, daß Presley ein beispielhafter, mustergültiger Steuerzahler war. Stets wurde die steuerliche Veranlagung von den Finanzbehörden direkt vorgenommen. Ein von »Colonel« Parker beauftragtes Steuerbüro teilte die exakten Einnahmen dem *International Revenue Service* mit, zusammen mit den Ausgaben, Provisionen und Verlusten. Berücksichtigt man die enorme Steuerprogression in den Vereinigten Staaten, die Tatsache, daß Presley während seines Erwerbslebens überwiegend unverheiratet war, dann müßte er, eine Hinterlassenschaft von etwa zwei Milliarden Mark als Grundlage einer Hochrechnung genommen, mindestens zwanzig Milliarden Mark verdient und nichts davon ausgegeben haben.

Dabei ist nicht berücksichtigt, daß »Colonel« Parker 25 Prozent der Presleyschen Einnahmen kassierte. Diese Ziffer, um die es so viele Vermutungen gab, bestätigte erstmals Becky Yancey in ihrem bereits erwähnten Buch. Auch in diesem Punkt ist sie eine glaubhafte Informantin, dann sie hat im Büro Presley jahrelang Provisionsabrechnungen erstellt. Zehn Prozent aller Filmeinkünfte erhielt die Agentur William Morris.

Halten wir uns an die im November 1977 vom Nachlaßgericht in Memphis herausgegebene 82-Seiten-Liste, die nach Angaben des alleinigen Testamentsvollstreckers, des Vaters Vernon Presley, zusammengestellt wurde. Wobei festgestellt werden muß, daß sie – wie das Gericht in diesem Zusammenhang betonte – nicht vollständig ist, es laut Gesetz zu diesem Zeitpunkt auch nicht sein muß.

Demnach unterhielt Presley am 18. August 1977 bei der *National Bank of Commerce* in Memphis insgesamt fünf Konten. Der größte Betrag lag auf einem zinslosen Bargeldkonto: 1 055 173 Dollar, also etwa zweieinviertel Millionen Mark. Die beiden nächsthöheren Summen waren auf Sparkonten eingezahlt: 24 279 und 11 254 Dollar. Ein Sparkonto auf seinen Namen führte auch die *First Tennessee Bank* mit insgesamt 39 Dollar. Zusammen ergibt sich draus ein Bargeldvermögen von etwa drei Millionen und dreißigtausend Mark.

Der erwähnenswerte Besitz an Wertpapieren umfaßt 696 Aktien der *Del Webb Corporation*. Diese Gesellschaft betätigt sich auf dem Bausektor, unter anderem baut sie Altensiedlungen in Arizona, oder sie betreibt Hotels, auch Spielkasino-Hotels in Nevada. Der Wert dieser Beteiligung wird deutlich, wenn man weiß, daß Frank Sinatra acht Prozent der Aktien dieser Firma besitzt und Presleys 696 Papiere eine Beteiligung von 0,008 Prozent im Wert von etwa achttausend Dollar bedeuten.

Der Wert aller aufgeführten Juwelen, Autos, Flugzeuge, Kleider sowie des gesamten Inventars in *Graceland* wurde von den Nachlaßnotaren auf mindestens zehn Millionen Dollar geschätzt. Unter anderem sind aufgeführt: ein Ring mit Initialen, aus achtzehnkarätigem Gold und schwarzer Emaille, mit 61 Brillanten von insgesamt 2,5 Karat und einem großen falschen Diamanten besetzt. Eine goldene Halskette mit einem Malteserkreuz aus Gold, bemalten Steinen und 236 Brillanten, insgesamt zwölf **Karat,** um einen runden Brillanten und 28 Samaragde und Granatsteine angeordnet. Im Trophäenraum von *Graceland Mansion* hatten sich 47 goldene Schallplatten angesammelt, Auszeichnungen für 47 Millionen verkaufter Tonscheiben. Dazu 47 goldene oder silberne Vasen, Teller oder Schalen – Geschenke von Fan-Klubs und anderen Organisationen, sowie fünfzig weitere silberne und goldene Schallplatten, die aus diversen Anlässen verliehen wurden.

Zum »lebenden Inventar« gehörten vier Pferde, ein Fohlen und ein Pony.

Der Materialwert von Presleys Bühnengarderobe, die in einem besonderen Haus aufbewahrt wurde, ist unerheblich, der Sammlerwert allerdings unermeßlich. Im Kostümsilo auf *Graceland* befinden sich elf Jacken, einundzwanzig Capes, drei Westen, alle mit teuren Halbedelsteinen und Schmuckornamenten verziert, einhundert Hosen, fünfzig Blusen und Jacken, drei Kartons mit Schuhen und eine Kiste voller Gürtel.

In der Liste des von Elvis Presley hinterlassenen Vermögens fehlen: Details über seine Waffensammlung, zu der – dies wurde bestätigt – drei Maschinengewehre gehören, und sämtliche Angaben über seinen Grundbesitz. Darüber gibt es aber ziemlich exakte Informationen aus anderer Quelle. Demnach besaß Elvis Presley das Anwesen *Graceland Mansion,* das – für einhunderttausend Dollar erworben – 1977 einen Immobilienwert von etwa fünfhunderttausend Dollar darstellt, ein im Norden angrenzendes, unbebautes Grundstück, Wert 241 700 Dollar, und ein weiteres Haus, das mit einem Wert von 17 500 Dollar zu Buche steht. Seine Farm hatte Presley schon vor einigen Jahren wieder veräußert.

Das Vermögensverzeichnis liefert auch keine Hinweise auf Art und Umfang der dem Verstorbenen zustehenden Provisionen aus Schallplattenverkauf und Filmverleih, Einnahmen aus geschäftlichen Partnerschaften und Zinsen. Diese Beträge waren vom Nachlaßgericht in der zur Verfügung stehenden Zeit nicht zu ermitteln.

Gewisse Rückschlüsse auf die Höhe der Platteneinnahmen läßt die Mitteilung der Firma RCA zu, die Presley weltexklusiv vertrat. Danach war bis November 1977 ein Umsatz von einhundertfünfzig Millionen Dollar noch nicht mit dem Künstler abgerechnet. Für den Vertrag zwischen der Plattenfirma und Presley trifft zu, was zu Beginn dieses Kapitels festgestellt wurde: niemand kennt seinen Inhalt, abgesehen von zwei, drei Topmanagern der RCA, wenigen Sekretärinnen und Buchhaltern, »Colonel« Parker und Vernon Presley. Anhaltspunkte geben höchstens die üblichen Geschäftsbedingungen. In der Regel erhält ein Künstler drei Prozent des Umsatzes, für Spitzenkünstler liegen die Beteiligungen nicht selten doppelt so hoch. Es ist zu vermuten, daß »Colonel« Parker auch in diesem so einträglichen Punkt für seinen Schützling einen Rekordbetrag ausgehandelt hat. Mehr als zehn Prozent jedoch wären für RCA wohl kaufmännisch nicht vertretbar gewesen.

Wenn man alle Vorbehalte vor derartigen Feststellungen noch einmal betont, so scheint es doch realistisch, das 1977 registrierte Vermögen des Superstars auf rund 35 Millionen Dollar zu schätzen. Wer diese Zahlenspielereien liebt, darf natürlich nicht außer acht lassen, daß der Geldstrom auf die Konten Vernon Presleys noch lange Zeit nicht versiegen wird. Aber auch, daß die Scheidung Elvis Presleys Vater einige Dollarmillionen gekostet hat. Dennoch sollte Lisa Marie am 1. Februar 1986 – an diesem Tag wird Elvis' Tochter volljährig – ein Erbe antreten können, das ihr ein sorgenloses Leben gestattet, falls es vernünftig verwaltet wurde.

Ein Report über Elvis Presley ohne ein Kapitel über seinen Manager »Colonel« Tom Parker könnte keinen Anspruch auf Vollständigkeit erheben. Zu sehr ist das Schicksal des ungelernten Lkw-Fahrers aus Memphis mit diesem in allen grellen Farben des Showgeschäfts schillernden Mann verbunden, der, ebenso wie sein Klient, bereits zu Lebzeiten zur Legende wurde, immer wieder Futter für die internationale Anekdotenküche lieferte und selbst Held eines Buches wurde (»Elvis und der Colonel« von May Mann).

Ziemlich sicher ist, daß es ohne Parker den Presley, den wir heute kennen, nie gegeben hätte. Er war der Schaufelbagger, der den Lokal-Casanova ins große Geschäft hievte. Seine Sturheit, sein Scharfsinn, seine Gerissenheit, sein Geschick, seine Intelligenz, sein Instinkt waren die Quader, auf denen das Presley-Imperium aufgebaut war und 21 Jahre lang sicher ruhte.

Aber war er auch der böse Geist, geldgierig und gewissenlos, ohne Skrupel und ohne Erbarmen, Sadist und Satan in einer Person, der die Seele dieses gigantischen Unternehmens abtötete? Ist er der Hauptschuldige am Drama des Elvis Presley? Hat er über dem Dollar den Menschen vergessen, die Devise »Nichts ist erfolgreicher als der Erfolg« bis zur tödlichen Konsequenz verfolgt? Ist er der Schöpfer und Erfinder, aber auch der Mörder?

Es ist Mode geworden, Tom Parker auf die Anklagebank zu zerren. Er, der feiste, anmaßende Kapitalist, ist der ideale Buhmann. Die Trauer, Wut, Enttäuschung, das Entsetzen, das nach Presleys Tod seine Verehrer schüttelte, suchten naturgemäß ein Emotionen ableitendes Opfer. Wer war dazu besser geeignet als der mysteriöse, böse *Mr. Moneymaker?* Und für alle linken und pseudolinken Handlinienleser der Kulturszene, die zumindest den jungen Elvis für sich reklamierten, hätte Parker gar nicht so schön erfunden werden können, wie er leibte und lebte.

Parkers Herkunft, seine frühen Jahre, sind vor lauter Anekdoten und Legenden nicht auszumachen. Niemand kann genau sagen, wo die hübsch erfundene Dichtung aufhört und die vielleicht weniger abenteuerliche Wahrheit beginnt. Parker war nicht nur für seinen Schützling ein genialer Public-Relations-Minister, er genoß es sichtlich, nebenbei seine eigene Story zu etablieren.

Geboren wahrscheinlich am 26. Juni 1910 in West-Virginia als Sohn von Jahrmarktsausstellern, wird er in der Atmosphäre der Rummelplätze und unter Zirkuszelten groß. Er verliert im Alter von fünf Jahren beide Eltern. Sein Onkel nimmt sich der Vollwaise an, er ist »Direktor« des *Great Parker Pony Cicus,* der saison-ein, saison-aus den Mississippi hinauf und hinunter zieht: eine Attraktion höchstens in den weltverlorenen Siedlungen der Baumwollpflücker und Rinderhirten.

Die Sage berichtet, Klein-Tommy habe sich bereits mit siebzehn Jahren selbständig und daran gemacht, den Leuten das Geld aus der Tasche zu ziehen: kein leichtes Los bei der damaligen Wirtschaftslage im schwülen Süden der USA. Aber den täglichen Kampf des Tauge- gegen die Habenichtse gewann Parker, wenn man den Erzählungen glauben darf, mit Tricks, die gelegentlich etwas außerhalb der Legalität lagen.

Bereits als Knirps mischte er in einem verbeulten Kanister Wasser, Zitronensäure und billigen Zucker, garnierte das Ganze mit einer dünnen Zitronenscheibe und verkaufte es als »Limonade«.

Er fing Spatzen, malte sie gelb an und verhökerte sie als Kanarienvögel. Er fabrizierte »Riesen-Hotdogs«, indem er dünne Würstchen halbierte und die Enden aus den Brötchen heraushängen ließ. Maulte einer der Käufer über Betrug, deutete Tommy entrüstet auf ein Wurststück, das er vorher auf den Boden gelegt hatte, und schimpfte: »Du hast die Hälfte verloren. Das ist nicht meine Schuld. Hau ab!« Als besonders genial empfanden Jahrmarktveteranen seinen Einfall, vor dem Zelt eines Schaustellers, für den er arbeitete, bei schlechtem Wetter von allen verfügbaren Tieren die Erde aufwühlen zu lassen. Zirkusbesucher, die einigermaßen sauber durch Schmutz und Pfützen gelangen wollten, mußten für einen rettenden Ritt auf Tommys Ponys einen Nickel bezahlen.

Auch heute noch gibt es kaum einen Wohnwagentratsch unter Fahrensleuten ohne einige typische Parker-Storys. Aus seiner Zeit bei der *Royal American Show* stammt folgende, von einem alten Freund überlieferte Geschichte: »Als das Geschäft mal sehr mies ging, wurde ein Meeting aller Mitarbeiter einberufen, um den Vorschlag zu diskutieren, den Eintrittspreis von 50 auf 25 Cent zu senken. Parker war dagegen, fast alle anderen dafür. Parker machte einen Gegenvorschlag: ›Wir sollten den Preis erhöhen – auf einen Dollar – und den Leuten auf unseren Plakaten mitteilen, daß jeder, dem die Show nicht gefallen hat, die Hälfte des Eintrittsgeldes zurückerhält.‹

Und so wurde es dann auch gemacht. Natürlich gab es in Zukunft niemanden, dem die Show gefiel, alle wollten die Hälfte ihres Geldes zurück. Sie alle hatten das Gefühl, ein gutes Geschäft gemacht zu haben. Wir aber bekamen nach wie vor 50 Cent pro Besucher in die Kasse.«

Schon ein Klassiker ist Parkers Coup mit den »tanzenden« Hühnern. Damals war er bereits Manager des Country-Sängers Eddy Arnold und reiste mit ihm von Ort zu Ort. In diesen Jahren mußten pro Auftritt zwanzig Dollar Vergnügungssteuer abgeführt werden, es sei denn, die Show fand im Rahmen einer Tierschau statt. Also reisten Parker und Arnold mit einigen Hühnerkäfigen, die der clevere »Colonel« immer vor dem Eingang aufstellte, wenn Arnold sang.

Eines Tages wurde Arnold krank, und Parker schlug dem Veranstalter vor, dafür *Colonel Parkers Dancing Chicken* ins Programm zu nehmen, bis Eddy Arnold wieder gesund war. Gesagt, getan: Parker kaufte im nächsten Gemischtwarenladen eine Heizplatte und dreißig Meter Verlängerunskabel. Die Platte stellte er in einen Käfig mit zwei Hühnern, deckte sie mit genügend Stroh zu und steckte das Kabel in eine Steckdose. Bob Wills und die Texas-Playboys – Eddys Begleitband – begannen zu spielen, und die Hühner, bemüht sich nicht zu verbrennen, hopsten wie wild herum. Wenn dem »Colonel« zu glauben ist, präsentierte er zwei Tage lang in zwei Vorstellungen pro Tag seine »tanzenden Hühner«, dann war Eddy Arnold wieder auf den Beinen.

Irgendwann schaffte der Gaudi-Gladiator den Sprung ins Musikgeschäft, zuerst als PR-Trompeter, dann als Ansager bei *Country-and-Western*-Zeltkonzerten, und schließlich als sein eigener Veranstalter und Manager.

Als sich seine Wege mit denen Elvis Presleys kreuzten, war er bereits ein gemachter Mann. Er war jahrelang Exklusivagent nationaler Stars wie Eddie Arnold und Hank Snow gewesen, was bei der Beurteilung dieses Mannes zu berücksichtigen ist. Er hätte auch ohne Elvis Presley seine Millionen machen können.

Natürlich folgte der Anfänger Presley sämtlichen Anweisungen und Direktiven des cleveren »Colonel«. (Um möglichen Irrtümern vorzubeugen: den Obristenrang erwarb Tom Parker nicht in einer Armee, er wurde ihm ehrenhalber von einem Senator im Bundesstaat Kentucky verliehen). Es gab für Elvis in den ersten Jahren auch kaum einen Grund, die Ratschläge des erfahrenen Karrierearchitekten in den Wind zu schlagen. Aber als etablierter Star war Presley später nicht an seinen Manager gekettet. Er hätte sich – auf die Gefahr hin, daß Parker die Stabführung niederlegte – keine künstlerischen Entscheidungen aufzwingen lassen müssen. Selbst wenn Parker derjenige gewesen sein sollte, der die totale Nachrichtensperre empfahl – um nur ein Beispiel zu nennen –, wäre es Presley ohne Schwierigkeiten gelungen, dennoch seinen eigenen Stil zu prägen. Und dies gilt um so mehr für die krankhafte, möglicherweise tödliche Strukturierung seines Privatlebens.

Die beiden Männer verband zu keiner Zeit ein enges persönliches Verhältnis. Sie sahen sich oft monatelang nicht. Parker kümmerte sich auch nie um die Privatfinanzen seines Stars, dies war fast ausschließlich die Sache von Papa Presley. Parker war auch ein höchst seltener Gast in Memphis.

Ein Freund des »Colonel« berichtet: »Elvis sagte Parker nicht, wie er die Geschäfte führen sollte, und Parker sagte Elvis nicht, was und wie er zu singen habe. So einfach ist das.«

Becky Yancey und andere Insider berichten von gelegentlichen Zwistigkeiten zwischen Künstler und Manager. So soll, dies verriet Linda Thompson, Presley wütend auf Parkers konstante Weigerung reagiert haben, für ihn eine Europatournee zu arrangieren. Auch der »Colonel« wurde nicht von Presleys Wutanfällen der letzten Lebensjahre verschont. Red West berichtet sogar von einem Bruch der Verbindung, die jedoch nur knapp zwölf Stunden gedauert hat. Diese Stunden soll Parker damit verbracht haben, für Presley eine Liste seiner Forderungen niederzuschreiben. Aber es war immer Presley, der einen Rückzieher machte.

Presley war nicht Parkers Leibeigener, aber er muß wie dieser das Geld als die allein seligmachende Maxime seiner Existenz betrachtet haben. Und in dieser Beziehung war der »Colonel« der beste Garant für eine kontinuierlich fließende Dollar-Pipeline.

In welcher Position Parker dabei war, mag ein glaubhaft überlieferter Geschäftsvorgang belegen, der sich Anfang der siebziger Jahre zutrug. Parker erhielt telefonisch das Angebot eines australischen Impresarios, der für nur zwei Konzerte in Sidney und Melbourne eine Gage von zweieinhalb Millionen Dollar bot.

»Großartig«, antwortete der Presley-Promoter. »Wenn wir eines Tages zweieinhalb Millionen brauchen, rufe ich Sie wieder an.«

Natürlich war Parker, der selten ohne Zigarre gesehen wurde, mit dem Trumpf-As Presley in der Hand zu einem der mächtigsten Männer des internationalen Schaugeschäfts aufgerückt. Wenn er hustete, und zwar nicht nur im übertragenen Sinn, dann hielten alle Beteiligten den Atem an. Er hatte nicht nur um seinen Superstar eine undurchdringliche Mauer des Schweigens errichtet, auch er selbst gefiel sich in der Rolle des Unnahbaren, Unsichtbaren. Er hatte Presley großgemacht, ohne um die Gunst der Medien zu buhlen, der Garbo-Effekt war erreicht und übertroffen, weit wirkungsvoller, denn der »König« regierte ja noch. »Er war der erste, der in Amerikas Schaugeschäft den Medienverbund im großen Stil vorexerzierte.« (Reginald Rudorf in »Die Welt«)

Der Journalist Robert Blair Kaiser schrieb in einem im Oktober 1970 vom *New York Times Magazine* veröffentlichten Bericht aus Las Vegas: »Manchmal habe ich das Gefühl, daß der ›Colonel‹ so einflußreich ist wie Mario Puzos Pate. Jeder hier im *International Hotel* (und von MGM und Western Airlines) nimmt Rücksicht auf ihn. Und als ich mit Abe Lastfogel sprach, dem Chef der Agentur William Morris und einer der wichtigsten Männer des Schaugeschäfts, schien er tödliche Angst davor zu haben, daß seine Worte dem ›Colonel‹ vielleicht mißfielen. Die meisten meiner Fragen wurden mit der Gegenfrage beantwortet: ›Haben Sie schon den ›Colonel‹ gefragt?‹ Nicht daß Lastfogel nicht helfen wollte. Aber die Hände sind ihm gebunden. Der ›Colonel‹... Wenn er verhandelt, dann nur aus einer Position der Stärke, immer legt er Wert auf die kleinsten Details, er denkt Monate und Jahre voraus. Er diktiert die Bedingungen für Presleys Verträge. Er kümmert sich um alles, entwirft eigenhändig die Poster, verteilt persönlich Ansteckplaketten und so weiter...«

Einem Filmproduzenten, der Presleys Gage mit dem Argument: »Dafür bekommt Elvis bestimmt einen Oscar«, herunterhandeln wollte, antwortete Parker kühl: »Zahlen Sie die übliche Gage. Sollte Elvis den Oscar bekommen, zahlen wir Ihnen Ihr Geld zurück.«

Jerry Hopkins berichtet, daß Spyros Skouras, der mächtige Chef der Filmfirma 20th Century-Fox, Elvis entgegen Parkers Rat zu einer Verbeugungsveranstaltung zu überreden versuchte. »Wenn es Ihnen gelingt, Elvis dazu zu bringen, können Sie ihn gleich ganz haben«, kommentierte Parker. Presley lehnte Skouras' Wunsch ab. Ron Jacobs meint: »Viele halten Parker für einen Possenreißer und Presley für eine Marionette in seinen Händen. Das stimmt nicht. Die beiden sind ein Team, das beste, wirkungsvollste Team in ganz Amerika.«

Die Fanklubs, die von vielen Künstlern und ihren Managern als notwendiges Übel behandelt und mißhandelt werden, hat Parker für Presley straff, geschickt und nutzbringend organisiert. Allein in den USA zählten die diversen Vereine und Organisationen rund zweihunderttausend Mitglieder. Der »Colonel« ließ Mitgliedsausweise drucken und offerierte Elvis-Fotos und vier Schallplatten pro Jahr für einen Mitgliedsbeitrag von fünf Dollar. Das bedeutete eine Umsatzgarantie von zweihunderttausend Stück pro Presleyplatte, noch ehe sie angepreßt war, also automatisch eine hervorragende Startposition in den Hitlisten, gesteigerte Aufmerksamkeit aller Diskjockeys und dadurch wiederum kräftig erhöhten Umsatz.

Privat lebt Tom Parker mit seiner Frau ohne Extravaganzen und Skandale, zurückgezogen und in typischer US-Mittelklasse-Manier. Das bedeutet Hausmannskost, viel Fernsehen, dazu Popcorn, Bier und auch mal einen Bourbon, eine Handvoll netter Freunde, darunter der Klempnermeister von nebenan: ein Multimillionär, sicher eingebettet in die schweigende Mehrheit.

Parkers Schweigen nach dem Tod seines Stars grenzt allerdings ans Gespenstische. Seit dem 16. August 1977 gibt es keine Zeile, kein Wort, nicht den kleinsten Kommentar von dem Mann, der für den Toten einundzwanzig Jahre lang die Geschäfte führte. Niemand hat ihn gesehen, er fehlt in der Liste der Gäste, die zur Beerdigung nach Memphis eilten – er ist verschwunden. Der einzige Hinweis, daß er noch lebt und im Hintergrund die Fäden in der Hand hält, so unbeugsam und schwierig wie je, findet sich in einem Bericht der Tageszeitung *Memphis Press Scimitar* über die geplanten Gedenkstätten und Denkmäler für Elvis.Die Initiatoren dieser zukünftigen Presley-Wallfahrtsorte in Memphis kommen ohne Parkers Segen nicht weiter, und der läßt sich Zeit. Vielleicht haben die Stadtväter und Verehrer vergessen, Parker eine angemessene Beteiligung an den zu erwartenden Einnahmen der Presley-Pilgerstätten anzubieten. Und 25 Prozent müßten es schon sein, denn bei Geld hört Parkers Sentimentalität auf, sollte er dazu überhaupt fähig sein.

Dennoch: die Schuld an der menschlichen Ausdörrung, Vereinsamung seines Schützlings, an dessen Abgleiten in immer inhaltslosere, auf Dauer unbefriedigende Freizeitbeschäftigungen, die durch rauschhafte Kauf- und Verschwendungsorgien und mit nur noch mühsam durchgestandenen Auftritten unterbrochen wurden, die Schuld am Medikamentenmißbrauch, diesem Selbstmord auf Raten, trägt Parker nur zum Teil. Die Hauptschuld trägt das Opfer.

Als die Behördenangestellte Jane Butz am 12. Januar 1935 im kleinen Rathaus des schäbigen Mississippi-Marktfleckens Tupelo die Geburtsurkunde für den vier Tage zuvor geborenen Elvis Aaron Presley ausstellte, konnte sie nicht ahnen, daß Kopien dieses schmucklosen Formulars 43 Jahre später für einen Dollar das Stück reißenden Absatz finden würden. Sie schrieb im Beisein des Vaters nur das, was sie ohnehin bereits wußte, denn in Tupelo wußte jeder alles über jeden; die traurige Nachricht, daß die netten Presleys Zwillinge bekommen hatten, zwei Buben, von denen einer tot geboren war, hatte sich natürlich sofort im Ort herumgesprochen.

Souvenirsammler erfahren aus dem mit etwas zittriger Hand geschriebenen Zertifikat, daß der Arbeiter Vernon Elvis Presley mit zwanzig Jahren Vater wurde, daß die Mutter ein Jahr älter und Fabrikarbeiterin war. Ihren Namen – Gladys – schrieb Mrs. Butz in der Aufregung falsch: Galdys. Daß sie den zweiten Vornamen des Neugeborenen, Aaron, mit nur einem »A« notierte, war nicht ihre, sondern des Vaters Schuld. Als Elvis später die Schreibweise in Aaron änderte, sagte der Star zu seinem Papa: »Ich glaube, du hast damals einfach nicht gewußt, wie man das buchstabiert.«

Das kleine, zweizimmrige Geburtshaus in der Old Saltillo Road, das Vernon Presley selbst errichtet hatte – aus dem Holz, das er von seinem Arbeitgeber, einem Sägewerkbesitzer, als Vorschuß erhalten hatte –, ist heute Mittelpunkt des gepflegten Elvis-Presley-Parks und, leuchtend weiß gestrichen, zumindest in Amerika nicht weniger bekannt als das andere Weiße Haus. Presleys Eltern schlugen sich mehr schlecht als recht durchs Landleben, Musterexemplare einer gesellschaftlichen Klasse, die – als *white trash,* »weißer Abfall« etikettiert – in der sozialen Rangordnung kaum höher standen als die »Nigger«. In einem Beitrag für die US-Zeitschrift *Photoplay* schrieb Elvis: »Ich erinnere mich, daß ich als kleiner Junge oft hungrig war. Ich erinnere mich auch daran, daß ich vor unserer kleinen Bude stand, in die große rote Sonne von Mississippi starrte und rief: ›O Gott, bitte, ich möchte hier nicht für immer bleiben.‹ Ich erinnere mich, wie mein Vater, der ein kräftiger Mann ist, geweint hat, weil er die Rechnungen nicht bezahlen konnte. Ich erinnere mich, daß meine Mutter ihre Gesundheit geopfert und geschuftet hat, um uns durch diese harten Zeiten zu bringen ... Ich bin nicht sicher, ob Sie wissen, daß meine Mutter und mein Vater beide Waisen waren. Sie heirateten, als Mama neunzehn und Daddy ein Jahr oder so älter war.«

Was das Alter betrifft, irrt Presley hier, falls er, für Kenner ohnehin unwahrscheinlich, die »dramatische, herzerschütternde Story« wirklich selbst für *Photoplay* geschrieben hat. Daß aber Schmalhans bei den Presleys Küchenmeister war, dürfte der Wahrheit nahe kommen. Vernon und Gladys Presley waren arme, aber anständige Leute, was bedeutet, daß sie regelmäßig zur Kirche gingen, aber nicht unbedingt, daß sie ungewöhnlich fromm waren. Sie schlossen sich der *Fundamentalist Assembly of God* an, vielleicht weil die Kirche nur ein paar Minuten von ihrem Haus entfernt lag. Ingo Seiff im *Musik Joker:* »Man lebte in einer Stimmung, die eine Mischung aus Resignation und Gottvertrauen war, versüßt durch Gospelgesänge in ihren ärmlichen Kirchen.«

Für Elvis waren die sonntäglichen Kirchgänge Höhepunkte seiner frühen Jahre. »Ich liebte die Musik und sang so laut ich konnte. Wir sangen die Psalmen ein bißchen wie früher die Neger, rhythmisch; keiner in der Kirche stand still dabei. Das war übrigens der einzige Gesangsunterricht, den ich je hatte.«

Er hat auch später nie gelernt, Noten zu lesen, und vielleicht aus diesem Grund nicht einen einzigen Song geschrieben. Im Laufe der Jahre mauserte sich der blonde Junge mit den ernsten Augen und dem weichen, vollen Mund zum Solisten der Gottesdienste; der Teenager träumte von einer Karriere als Gospelsänger. Sein öffentliches Debüt, außerhalb der Kirche, gab er mit dem Volkslied *Old Shep* auf einer lokalen Landwirtschaftsausstellung. Seine Eltern hatten ihm zum Geburtstag eine Gitarre für acht Dollar gekauft – das Fahrrad, das sich Elvis so innig gewünscht hatte, war unerschwinglich. Dieser »schicksalhafte« Kauf ist unverzichtbarer Bestandteil jeder Presley-Story.

Das Instrument gehörte zu den wenigen Habseligkeiten, die von den Presleys auf einen altersschwachen Wagen gepackt wurden, als sie 1948 mit einer Übersiedlung in die Großstadt Memphis der Aussichtslosigkeit Tupelos zu entrinnen und bessere Arbeit zu finden hofften. Elvis Presley war im vierzehnten Lebensjahr.

Seine Mutter hütete ihn wie ihren Augapfel. Ihre Fürsorge ließ auch in Memphis nicht nach, Elvis wurde noch als Fünfzehnjähriger von ihr zur Schule gebracht. Die *L.C. Hume High-School* gehörte nicht zu den renommiertesten Ausbildungsstätten der Stadt und Elvis Presley nicht zu den Schülern, die durch besondere Leistungen auffielen. Er spielte Football und Baseball, hatte aber nicht die physische Kondition, bis in die Schulmannschaft vorzudringen. Er war zwei Jahre Mitglied der ROTC-Kadetten *(Reserve Officers Trainings Corps)* und sang gelegentlich bei Schulveranstaltungen, ohne sensationellen Eindruck zu hinterlassen. »Ich habe nie geglaubt, daß ich die Schule mit einem ordentlichen Abschlußzeugnis verlassen würde«, gestand Presley rückblickend.

Da sich die Hoffnungen des Hilfsarbeiterehepaars aus Tupelo nicht erfüllten – Vater Vernon hatte sich außerdem eine schmerzhafte Rückenverletzung zugezogen, die ihn wochenlang zu Arbeitslosigkeit verurteilte –, mußte Elvis schon als Schüler mitverdienen. Er jobte als Packer in einem Supermarkt, mähte Rasen und bekam schließlich die begehrte Position eines Platzanweisers im Kino, mit immerhin zwölf Dollar die Woche dotiert. Diese Nebenbeschäftigung verlor er jedoch bald wieder, da er sich mit dem Geschäftsführer in eine Schlägerei einließ.

Wenn Presley in diesen Jahren durch irgend etwas aus dem Rahmen fiel, dann durch sein Äußeres. Er ließ das inzwischen dunkler gewordene Haar lang wachsen, pomadisierte die Strähnen und frisierte sie im Nacken zu einem fettigen Entenschwanz. Dazu ließ er Koteletten stehen, die bis zum Ohrläppchen reichten. Und das zu einer Zeit, in der 99 Prozent aller Oberschüler Bürstenhaarschnitt trugen.

Ungewöhnlich wie seine Haartracht war auch seine Kleidung. In seinen schwarzen oder violetten Seidenhosen und grellgrünen oder schwefelgelben Hemdblusen bildete er einen auffallenden Kontrast zu seinen Freunden in Blue jeans und Baumwollhemden. »Ich wurde oft gehänselt«, berichtete Elvis später, »aber ich wollte anders sein, älter wirken und auffallen. Damals ahnte ich schon, daß man sich von der Masse unterscheiden muß, wenn man Erfolg haben will.«

Sein Erfolg bei Mädchen hielt sich in Grenzen. Er wird von Lehrern, alten Schulkameraden und Freunden der Familie als zurückhaltender, ja scheuer Siebzehn-, Achtzehnjähriger geschildert. Auf einem Foto, das ihn mit seiner Schulfreundin Dixie zeigt, sieht er allerdings – schick in weißer Smokingjacke und kesser Fliege – nicht unbedingt wie ein Kind von Traurigkeit aus.

Im Sommer 1953 geht für Elvis Aaron Presley die Schulzeit zu Ende, und er startet seine berufliche Karriere als Hilfsarbeiter bei einer Werkzeugfabrik. Aber auch hier gab es bald Ärger mit dem Boss. Deshalb trat Elvis als Lastwagenfahrer in die Dienste einer Elektrofirma. Mit seinem Wochenverdienst, vierzig Dollar netto, konnte er das Familienbudget kräftig aufstocken, sich bei den *Lansky Brothers* in der Beale Street noch mehr bunte Staffage kaufen und sich bei einem Versandhaus eine preisgünstige neue Gitarre bestellen.

Die Musik und der Wunsch, Musiker zu werden, haben ihn nie losgelassen. So zufällig, wie es später die RCA-Lohn- und ihre unzähligen Abschreiber darstellten, war Presleys Entwicklung in dieser Phase nicht. Er wollte nicht ewig auf den untersten Leitersprossen sitzen bleiben; wie die anderen Kellerkinder seiner Umgebung auch, hatte er den Willen, »ein paar Dollar mehr« zu machen. Und er wußte, daß die Musik für ihn der einzige Weg dazu war. Andere Qualifikationen konnte er nicht vorweisen.

Ob er nun wirklich eines Tages während einer Mittagspause im verschwitzten, verschmierten Overall das schäbige Studio der *Sun Records Inc., Memphis Recording Services* betrat, wie überliefert, um für vier Dollar eine Schallplatte mit zwei Titeln aufzunehmen, weil er sie seiner Mutter zum Geburtstag schenken wollte; oder ob er – weniger romantisch – mit dieser »Produktion« den Chef des kleinen Unternehmens auf sein Talent aufmerksam machen wollte, denn Presley wußte schließlich, daß Sam C. Phillips, der Chef des *Sun Shops*, Leute wie Johnny Cash, Roy Orbison und Jerry Lee Lewis entdeckt hatte: das Ergebnis ist wesentlich.

Elvis sang im *Sun*-Studio, das nur ein wenig größer als eine Telefonzelle war, *My Happiness* und *Heartache Begins*, wobei er sich selbst auf der Gitarre begleitete. Sam C. Philipps, der auch sein eigener Toningenieur war, packte die erste Presleyplatte in eine Tüte und überreichte sie dem unsicheren Bariton mit den Worten: »Sie haben eine gute Stimme. Ich rufe wieder an, wir sollten mal 'ne Nummer oder zwei ausprobieren.«

Aber es verging mehr als ein halbes Jahr, ohne daß Sam sich meldete. Also nahm Elvis noch einmal Herz und Gitarre in beide

Hände und bei Phillips eine zweite Platte auf. Die Investition betrug wieder vier Dollar. Nach acht Wochen endlich sah es so aus, als würden sich die selbstfinanzierten Produktionen lohnen, denn Sam Phillips bat ihn ins Studio und probierte ein paar Stunden mit ihm. Sie nahmen ein paar Nashville-Nummern auf, aber Producer Phillips konnte mit Presley nicht viel anfangen. Er schickte ihn wieder heim: »Vielleicht ein andermal.«

Durch Sam Phillips, der einen weißen Sänger mit einer schwarzen Stimme suchte, lernte Presley die beiden Musiker Scotty Moore und Bill Black kennen. Die drei trafen sich bald regelmäßig, probierten oft im winzigen *Sun*-Studio. Anfang 1954 schließlich ringt sich Phillips zur ersten, halbwegs professionellen Plattenproduktion mit Presley, dem Gitarristen Scotty und Bill am Baß durch. Noch im selben Monat liegen die ersten Anpressungen mit den Titeln *That's All Right, Mama* und *Blue Moon Of Kentucky* auf dem Tisch.

Der hellwache Producer ließ seine örtlichen Verbindungen spielen. Dewey Phillips, Diskjockei der Rundfunkstation WHBQ – mit Sam weder verwandt noch verschwägert –, stellte *That's All Right, Mama* zu später Stunde seinen Hörern vor. Das Ergebnis war verblüffend. Wie in den Annalen festgehalten, gingen unmittelbar, nachdem Presleys Stimme erstmals im Äther erklang, über sechzig Anrufe bei WHBQ ein. Dewey reagierte smart, er legte die Sun-Scheibe noch einmal auf und griff zum Telefon, um Elvis für ein aktuelles Interview in den Sender zu bitten. Aber erstens hatten die Presleys kein Telefon, und zweitens, das ermittelten Nachbarn, war Elvis ins Kino gegangen. Die Mama, wer sonst, schleppte ihn vors Mikrophon.

Sam und seine Mitarbeiterin Marion Keisker staunten nicht schlecht, denn in den folgenden Tagen gingen einige tausend Bestellungen für die Presley-Platte ein, für die kleine Firma mit den leuchtend sommergelben Plattenetiketten der bis dahin größte Geschäftserfolg.

Die beiden blieben am Ball. Marion schleppte Presley in die Redaktion des *Memphis Press Scimitar*. Der Kolumnist Edwin Howard hatte versprochen, ein Interview mit dem Schnellstarter zu machen, aber er mußte mit der Sekretärin vorliebnehmen, denn außer: »*Yes, Sir*«, und »*No, Sir*«, war aus dem scheuen Jungen nichts herauszubekommen. Vielleicht hatte er auch nur Angst, zu spät zur Arbeit zu kommen, denn dieses erste Zeitungsinterview Presleys, das am 28. Juli 1954 erschien, mußte in seiner Mittagspause stattfinden; er war hauptberuflich immer noch Fahrer der Crown Electric Company.

Edwin Howard schloß seinen Bericht mit dem Hinweis auf ein Konzert im Overton Park, das ein paar Tage später stattfinden und allen Interessenten die Möglichkeit bieten sollte, den erstaunlichen jungen Mann zum erstenmal persönlich zu erleben.

Es ist natürlich schwer, Dichtung und Wahrheit auseinanderzuhalten, da vom Helden selbst kaum authentische Angaben vorliegen; aber offensichtlich wurde bei eben jenem Auftritt im Pavillon des Overton Parks das Phänomen Presley geboren. Presley hatte sein erstes Lied im üblichen Stil seiner Hillbilly-Kollegen vorgetragen und nur mäßigen Applaus geerntet. Hinter der Bühne bearbeiteten ihn Bob Neal, der das Programm ansagte, und seine Freunde: »Du mußt was zeigen, Junge. Zieh' eine Show ab. So wie du's manchmal im Studio gemacht hast. Go on, man . . .«

Und der schüchterne Elvis ging bei seinem nächsten Song in die Knie, wackelte mit dem Hinterteil, erst zaghaft, dann mutiger, er ließ die Hüften rotieren, die Beine schlackern, und das in der Hauptsache junge Publikum begann nach einigen Schrecksekunden zu kreischen und zu toben. Niemand dürfte über diese Reaktion mehr überrascht gewesen sein als Elvis Presley selbst. Aber er hatte den Zipfel der Zauberei erhascht, Geschmack am Geschrei gefunden, und zuckte und zappelte, stöhnte und schmachtete wie gewünscht.

Seine Karriere – die schmutzige Mütze des Lkw-Fahrers hängte Presley noch im Sommer des Jahres 1954 an die Wand – führte von Beginn an nur nach oben; kleine Enttäuschungen fielen nicht entscheidend ins Gewicht. Kommerziell hat Elvis Presley bis zu seinem Tod 23 Jahre später keine einzige Krise erlebt. Seine Anziehungskraft hat in all diesen Jahren nicht nachgelassen. Er war nie »vom Fenster weg«. Er selbst, sein Manager und vielleicht das Publikum diktierten die achtjährige Konzertpause zwischen 1961 und 1969. Die Tatsache, daß er die schnell eroberte Spitzenposition nie mehr abgab, ist ebenso ein Bestandteil des Presley-Wunders wie die nie zuvor beobachtete Wucht, mit der er die Hysterie der Massen auslöste, die Gefühlswelt seiner Verehrer erschütterte. Er wechselte die Medien, aber ob er nun filmte, Platten aufnahm oder sich auf Tourneen konzentrierte, auf dem Feld, auf dem er gerade kämpfte, wurde er nie besiegt.

Sein erster Auftritt in der beliebten Radiosendung *Grand Ole Opry*, die den Ruf Nashvilles als Weltmetropole der Country-and-Western-Musik mitbegründet hat und die für Sänger aus den Südstaaten ein wichtiges Sprungbrett ist, endete mit einem schmerzhaften Tiefschlag. Jim Denny, der die jungen Talente für dieses Programm zusammensuchte, verabschiedete Presley mit dem Rat: »Wissen Sie, was Sie tun sollten? Sie sollten so schnell wie möglich wieder einen Job als Lastwagenfahrer annehmen.«

Elvis weinte während der ganzen Autofahrt von Nashville nach Memphis.

Die Produzenten einer anderen, im Süden der USA populären Rundfunksendung, der *Louisiana Hayride*, hatten mehr Instinkt als Jim Denny; sie verpflichteten Presley und seine Begleiter, die als *The Hillbilly Wild Cats* firmierten, nach ihrem erfolgreichen Debüt gleich für ein ganzes Jahr und verlängerten den Vertrag um weitere sechs Monate. Die wöchentlichen Auftritte vor den KWKH-Mikros in Shreveport bildeten die beste Reklame für die Tingeltouren der jungen Musiker in Arkansas, Louisiana und Texas, dem Einzugsbereich des Senders. Presley fand seinen eigenen, unverwechselbaren Stil, wurde als *The King of Western Bop* apostrophiert und nahm vier weitere Platten im *Sun*-Studio auf, die immer höhere Umsätze erreichten, alle in den diversen Hitparaden auftauchten und außerdem beachtliche Spitzenpositionen belegten.

Presleys urpersönliche »Masche« ist das Thema vieler musikwissenschaftlicher Abhandlungen. Die zum Teil unterschiedlichen Theorien, wann und von wem er wie viele Bestandteile übernommen und verschmolzen hat, müssen an dieser Stelle nicht alle erwähnt und diskutiert werden. Wichtig ist, daß Elvis Presley nicht der Erfinder des Rock 'n' Roll, aber der Interpret war, der dieser die internationale Popmusikszene durcheinanderwirbelnden Stilrichtung zum Durchbruch verhalf, ihre Maßstäbe setzte und sie jahrelang entscheidend beeinflußte. Er wurde zur zentralen Figur, zum »König« des Rock 'n' Roll.

Für Elvis Presley wurde es Zeit, einen Manager zu verpflichten. Für zehn Prozent übernahm diese Aufgabe der Gitarrist Scotty und unterschrieb den Vertrag mit W. S. Moore III. Doch die Presley-Lokomotive bekam immer mehr Fahrt, und für Scotty wurde das Tempo zu hoch. »Ich will Musik machen und nicht Geschäfte«, gestand er nach sechs Monaten; der einigermaßen einflußreiche Diskjockey und Promoter Bob Neal folgte ihm.

Dessen erste größere Initiative wurde ein Reinfall. Neal flog mit den *Wild Cats* nach New York in der Hoffnung, sie in Arthur Godfreys überregionaler TV-Talent-Show unterzubringen. Der Fernsehzar hörte sich einige Nummern an und lehnte rundweg ab. Das war die letzte berufliche Demütigung, die Elvis Presley erfuhr, denn erstens wurden die Druckwellen, die seine Auftritte auslösten, und die Schlagzeilen, die von massenweise in Ohnmacht fallenden Teenagern berichteten, immer stärker und größer, und zweitens wurde »Colonel« Tom Parker sein neuer Manager.

Der gerissene Haudegen hatte natürlich die Erfolgskurve des talentierten Burschen aus Tennessee aufmerksam verfolgt und klug im Hintergrund abgewartet. Als ihm die Zeit reif schien, engagierte er Presley für eine von ihm veranstaltete Tournee mit Hank Snow. So konnte er sich von der Durchschlagskraft des inzwischen Zwanzigjährigen überzeugen.

Parker war der erste, der nicht nur ahnte, daß Presley der Sprung nach ganz oben gelingen würde, er wußte es. Und er wußte die Weichen dafür zu stellen. Erstens: Presley und seine Eltern davon zu überzeugen, daß er der einzige Mann für diesen Job war. Zweitens: alle bisherigen Bindungen aufzugeben und sich ganz auf Elvis' Karriere zu konzentrieren. Drittens: für Presley einen Schallplattenkontrakt mit einer der großen Firmen abzuschließen.

Der Vertrag mit der mächtigen RCA war Parkers erster Paukenschlag. Die Firma zahlte *Sun Records* fünfundzwanzigtausend Dollar Ablösung und Elvis fünftausend Dollar Handgeld. Während Sam Phillips nicht ahnte, welchen Goldfisch er aus der Hand gegeben hatte und Elvis den ersten – rosaroten – Cadillac kaufte, warf Parker das Karriereschwungrad an.

Von nun an bewegten sich die Zahlen, die den Erfolg des jungen Mannes aus Memphis dokumentieren, in Millionenhöhe. Seine Konzertauftritte blieben nicht mehr auf den Süden beschränkt, er eroberte, vom »Colonel« generalstabsmäßig verplant, den Kontinent. Das Presley-Fieber erfaßte die Nation. Im richtigen Rhythmus gastierte er in den großen Fernsehsendungen; er startete mit sechs Auftritten in der *Tommy and Jimmy Dorsey Stage Show*, besuchte Milton Berle, Steve Allen und Ed Sullivan.

Amerikas Fernsehas Ed Sullivan gehörte zu den Millionen Amerikanern, die den neuen Star schlichtweg widerlich fanden. Er dachte wie die meisten Eltern, Lehrer, Pfarrer und Polizisten: Zur Hölle mit diesem Hundesohn. Wenn er gekonnt hätte, hätte er sein Versprechen (»dieser Menschenaffe kommt nicht in meine Show«) gehalten, aber er konnte nicht, denn seine Einschaltziffern sanken. Er leistete bei Parker Abbitte und mußte mehrere Kröten auf einmal schlucken. Der »Colonel« bestand auf drei Auftritten und wollte dafür fünfzigtausend Dollar. Sullivan, dem die größten Stars um den Hals fielen, wenn sie endlich für die Standardgage von fünftausend Dollar bei ihm auftreten durften, akzeptierte das Diktat, ließ sich als Gastgeber der ersten Show am 9. September 1956 von Charles Laughton vertreten und erfuhr am nächsten Tag, daß die Einschaltquote bei über 82 Prozent lag, also fast 55 Millionen Amerikaner die Show und Presley – wenn auch nur von der Taille an aufwärts – gesehen hatten.

Die ersten eigenen RCA-Produktionen wurden samt und sonders Millionenseller: *Hartbreak Hotel, I Want You, I Need You, I Love You, I Was The One, Hound Dog, Don't Be Cruel.* Im Herbst überredete Parker die Plattenfirma, sieben Presleyplatten auf einen Schlag auf den Mark zu werfen. Viele Insider hielten ihn zu diesem Zeitpunkt für endgültig übergeschnappt, aber seine verwegene Rechnung ging auf; eineinhalb Jahre lang belegten Presleyplatten ununterbrochen Spitzenplätze in den Hitparaden.

Das Plattengeschäft hatte sich noch nicht von Parkers Schocktherapie erholt, als er bereits zum nächsten Schlag ausholte: er handelte den ersten Filmvertrag für Elvis Presley aus. Noch vor dem zweiten Auftritt bei Ed Sullivan begann Elvis Presley bereits mit den Dreharbeiten für seinen ersten Film in Hollywood, *Love Me Tender.*

Ob an den Kino- oder Konzertkassen, in Schallplatten- oder Souvenirgeschäften, der Name Elvis Presley sorgte für Superlative. Parker hatte nicht vergessen, in der Vermarktung T-Shirts, Posters, Lippenstifte, Anhänger, Ringe – insgesamt 37 verschiedene Artikel – einzubeziehen. Die zusammen mit Hank Saperstein gegründete *Great Elvis Presley Industry* meldete ebenfalls Millionenumsätze.

Presley konnte sich alle seine Träume verwirklichen. Er kaufte zuerst ein Vierzigtausend-Dollar-Haus und bald darauf – für einhunderttausend Dollar – *Graceland Mansion* in Whitehaven, das damals noch nicht zu Memphis gehörte und erst später eingemeindet wurde. Er besaß schnell eine Flotte von drei, vier, fünf Cadillacs. Er mietete Rollschuhplätze – nur für sich und seine wilden Freunde, die er um sich sammelte: alles Burschen aus Memphis, den Yankees aus dem Norden traute er nicht über den Weg. Aus diesen Freunden wurden Angestellte, die »Memphis-Mafia«.

Die Presley-Welle überflutete nicht nur die Vereinigten Staaten, sondern die gesamte westliche Welt; die sozialistischen Länder errichteten eilends Schutzwälle aus Spott und Verachtung. Aber alle Kulturkritik konnte ein Übergreifen des Bazillus nicht verhindern, auch in Warschau und Ost-Berlin hatten die jungen Menschen in Elvis Presley ihr Idol gefunden. In jedem Land etablierten sich Imitatoren und Kopisten, in Deutschland profitierten Ted Herold und vor allem Peter Kraus am meisten von ihrem großen Vorbild.

Welchen Nerv hatte Presley getroffen? Warum löste seine Stimme, seine Show, Flächenbrände aus, in denen fast alle zwischen den Generationen noch bestehenden Gemeinsamkeiten in Asche versanken?

Presleys ungezügelte, sexuelle Tabus einreißende Show verwies die bis dahin allein regierenden Entertainer ins Wachsfigurenkabinett. Je mehr Presley von den Eltern und Älteren als geschmacklos und obszön abgelehnt wurde, desto mehr okkupierten die Jungen ihn für sich. Endlich hatten sie etwas, das nur ihnen gehörte, das nur sie verstanden. Elvis kümmerte sich nicht um die Proteste. Er hat die zwischen den Generationen klaffende Lücke nicht geschaffen, aber er hat sie erweitert.

Die internationale Presley-Euphorie hatte noch nicht um einen Grad nachgelassen, als Presley kurz vor Weihnachten 1957 seine Einberufung zur US-Armee erhielt. In der RCA-Chefetage wurden Krisensitzungen einberufen, Fanklubs richteten glühende Protestschreiben an das Verteidigungsministerium in Washington, Voreilige entfachten eine öffentliche Diskussion, ob auch Presley Haar und Koteletten gestutzt oder ob ihm Sonderrechte eingeräumt werden sollten. In diese Kontroverse mußten sich schließlich sogar Staatssekretäre und kommandierende Generäle einschalten. Die eine, die ältere Hälfte der amerikanischen Bevölkerung genoß die Vorfreude: endlich würde der schreckliche Zappler strammstehen müssen.

Und während man erwartete, hoffte oder befürchtete, daß Parker für seinen Schützling alle Tricks aus der Kiste ziehen würde, um die Einberufung des Millionenspenders zu verhindern – Beispiele hatten andere Showbusiness- und Sportgrößen zur Genüge geliefert –, verkündete der »Colonel« im Namen seines Klienten, daß dieser dem ehrenvollen Ruf zu den Waffen selbstverständlich folgen werde. Obwohl die Marine angeboten hatte, eine eigene Elvis-Presley-Kompanie aufzustellen, in die mit Presley nur Wehrpflichtige aus Memphis eingeteilt werden sollten, wählte Presley die Armee: eine Entscheidung, deren Tragweite offensichtlich zum damaligen Zeitpunkt niemand so recht erfaßte. Von Parker und Presley abgesehen . . .

Am 24. März 1958 ließ sich Elvis Aaron Presley in seiner Heimatstadt mustern und erhielt unter Blitzlichtgewittern Einheitshaarschnitt, Uniform und die Erkennungsmarke Nummer 533 10761.

Die Grundausbildung machte der Rekrut in Fort Chaffee durch. Ein halbes Jahr nach Dienstantritt wurde seine Einheit, das 32. Regiment der 3. Panzerdivision, nach Deutschland verlegt. Als er am 1. Oktober 1958 in Bremerhaven, den Seesack geschultert, von Bord des Truppentransporters *USS General Randall* ging, wurde er von eintausendfünfhundert Fans begeistert und lautstark begrüßt.

Die Zugfahrt in die Garnisonstadt Friedberg quer durch die Bundesrepublik wurde zu einem Triumph. Bis März 1960 trug Presley brav Stahlhelm und Stiefel, Olivgrün und bald auch ein paar Orden. Einem Gerücht zufolge hat General de Gaulle einmal bei »Colonel« Parker angefragt, ob Presley vor französischen Soldaten auftreten könne. Parker antwortete: »Die Gage für ein Konzert in Frankreich beträgt einhunderttausend Dollar.« De Gaulle hat die Verhandlungen daraufhin abgebrochen. Parker lehnte auch alle Wünsche amerikanischer Pressestellen nach »Freundschaftsauftritten« ab: »Er erhält seinen Sold, mehr nicht.«

Vater Vernon, Großmutter Minnie, die Kumpane Red West und Samer Fike, bildeten in jener Zeit seinen privaten Begleitschutz. Für sie hatte er ein Haus in der Nähe der Kaserne gemietet.

Zwei einschneidende private Ereignisse fielen in Presleys Militärdienstzeit: im August 1958 starb seine Mutter, seit Jahren trunksüchtig, an einem Leberleiden. Und in Deutschland lernte er Priscilla Beaulieu, seine spätere Frau, kennen.

Der Verlust seiner Mutter war nach Meinung fast aller engen Freunde für Presley ein Schicksalsschlag allergrößter Bedeutung. An ihrem Grab stammelte er unter Tränen, er habe alles mit ihr verloren.

Vor seiner Heimkehr am 3. März arrangierte das US-Hauptquartier die einzige Presley-Pressekonferenz auf deutschem Boden. Am 5. März wird Presley als Sergeant in Fort Dix, New Jersey, aus der Armee entlassen.

Parker hatte alle verfügbaren Kräfte an die Publicity-Front geworfen. Die Rückkehr des tapferen Sohnes mußte zum Ereignis werden. Und Parkers Rechnung ging auf: Presley konnte sich nicht nur auf seine alten Verehrer, die junge Generation, verlassen, jetzt hatte er jeden aufrechten Amerikaner hinter sich. Das Bild des sauberen, tadellos gekämmten Soldaten, der bis zum letzten Tag seinen Dienst tut, sich keine Stunde schenken läßt, hatte den Eindruck des pomadisierten, grölenden, aufgedonnerten Verführers verwischt. Elvis Presley war endgültig etabliert und trug der neuen Situation Rechnung. Seine Filme, seine Lieder, seine Show wurden glatter, keimfreier, angepaßter.

In der Zeit von 1961 bis 1969 gab Presley kein öffentliches Konzert mehr, er widmete sich ganz Hollywood und spielte in insgesamt 27 Filmen die immer gleiche Hauptrolle. Die Schauplätze wechselten, die Kostüme, die hübschen Partnerinnen; es blieben die dünnen Dialoge, die kümmerliche Handlung, die regelmäßig durch Songs unterbrochen werden mußte. Es blieben aber auch die hervorragenden Einspielergebnisse; auch Filme, die wie zum Beispiel *Harum Sacrum* in nur achtzehn Tagen heruntergekurbelt wurden, bescherten dank Presley Millionenumsätze. Ein MGM-Sprecher: »Die Filme bräuchten keine Titel, es würde genügen, sie zu numerieren. Sie würden sich trotzdem verkaufen.«

Alle Angebote für anspruchsvollere Filmprojekte wischten Parker und Presley vom Tisch. Experimente konnten nur gefährlich sein. Lebendigen Kontakt mit seinem Publikum hatte Elvis in diesen Jahren nie. Die Eintönigkeit der Arbeit, die enormen finanziellen Mittel, die ihm zur Verfügung standen – pro Film hatte Parker eine Garantie von einer Million Dollar und eine Beteiligung von fünfzig Prozent am Gewinn ausgehandelt, dazu kamen dann noch die Einnahmen aus den Plattenverkäufen – das Fehlen jeglicher Herausforderung, die bis zur Manie getriebene Politik der Abschirmung vom Rest der Welt – die Summe dieser Umstände prägte Presley für immer. In den sechziger Jahren wurden die Keime der Vergiftungen gelegt, an denen er zehn Jahre später zugrunde ging.

Parker wäre nicht Parker gewesen, hätte er nicht die Sackgasse erkannt, in der Presley 1968, 1969 steckte. Er warf das Ruder herum und arrangierte innerhalb weniger Monate eine Elvis-Presley-Show, neue Plattenproduktionen (nachdem jahrelang fast ausschließlich Film-Soundtracks in den Presleyregalen der Plattenläden standen) und wieder Live-Auftritte. Abermals gewann Parker. Der Titel *In The Ghetto* katapultierte Presley erneut auf die vorderen Hitparadenplätze, und die Show im *International Hotel* in Las Vegas wurde eine in ganz Amerika gefeierte Sensation. Für Parker und Presley noch wichtiger: sie erzwangen die höchste Gage, die je an einen Entertainer in der Spielerstadt bezahlt wurde. So konsequent Parker und Presley fast eine Dekade lang auf die Hollywoodkarte gesetzt hatten, so abrupt und endgültig kehrten sie dem Film den Rücken. Nach 1969 hat Presley nicht mehr einen einzigen Spielfilm gedreht; es entstanden nur noch zwei dokumentarische Streifen: *Elvis: That's The Way It Is* und *Elvis On Tour*.

Von 1969 bis zu seinem Tod dürfte Elvis Presley rund fünfhundert Konzerte absolviert haben, darunter keines, das nicht ausverkauft gewesen wäre. Den absoluten Höhepunkt seiner an Höhepunkten reichen Karriere brachte der 14. Januar 1973: seine TV-Show *Aloha From Hawaii* wurde, per Satellit verbreitet, von jedem dritten Menschen auf der Welt gesehen.

Am 21. Juni 1977 endete mit einem vom Fernsehen aufgezeichneten Konzert in Rapid City eine zehntägige Tournee und die Karriere des Elvis Aaron Presley.

Wie langlebig ist die Legende Presley? Darüber gehen die Vermutungen auseinander. Während einige Beobachter einen ziemlich raschen Rollenwechsel vorhersagen und der Meinung sind, die begeisterungsfähige Jugend werde sich bald ein neues Idol suchen, ist die Mehrzahl nicht nur der eingeschworenen Fans davon überzeugt, daß die Erinnerung, die Verehrung noch Jahrzehnte lebendig bleiben werde. Die in diesem Zusammenhang am häufigsten genannten Vorbilder sind Rudolpho Valentino, James Dean und Marylin Monroe.

Tatsache ist, daß die Grabstätte des Entertainers nahe dem Swimming-pool in *Graceland* seit der Öffnung des Anwesens für das Publikum täglich von mehreren tausend Presley-Pilgern aus dem ganzen Land besucht wird. Ein vergleichbares Phänomen gibt es seit Menschengedenken nicht.

Die Stadt Memphis hatte eine Umbettung von Elvis Presley und seiner Mutter vom Forest-Hills-Friedhof auf das Privatgrundstück genehmigt, nachdem ein Plan bekannt wurde, Presleys Sarg aus dem Mausoleum zu stehlen. Die sechs Männer, die das Verbrechen ausgeheckt hatten, sind inzwischen verhaftet oder gegen hohe Bürgschaften bis zum Prozeß auf freiem Fuß.

Obwohl Dick Grob, Leiter der Sicherheitsvorkehrungen in *Graceland,* zu Beginn der Führungen Ende 1977 von höchstens tausend Besuchern ausgegangen war, gelingt es in der Zwischenzeit, bis zu fünftausend Menschen in durchschnittlich fünf Stunden pro Tag an der flachen kupfernen Grabplatte mit der von Vater Vernon verfaßten Inschrift vorbeizuschleusen.

Ihre Beweggründe und Gefühle verrieten einige der Besucher den immer präsenten Reportern der beiden Tageszeitungen von Memphis.

Judy Auman, Kellnerin aus Hampton, Virginia, die zusammen mit drei Freunden nach Memphis geflogen war: »Ich habe zwei Jahre gespart, um Elvis zu sehen, um durch dieses Tor gehen zu können. Nicht für eine Million hätte ich diese Reise aufgegeben.«

Mrs. Wilder, die mit ihrer ganzen Familie nach Memphis gezogen ist, um Elvis nahe zu sein: »Ich bin sein Fan, seit er angefangen hat. Niemand wird ihn je ersetzen können.«

Mrs. Regina Mitchell aus Kansas City: »Wir haben die ganze

Nacht im Auto eines Wärters geschlafen, aber das ist der Besuch wert. Elvis hat so viel für uns getan. Wir werden ihn das niemals vergelten können.«

Stadtväter und Spekulanten, Geschäftemacher und Gönner sind längst dabei, neue Wallfahrtszentren zu planen und vorzubereiten. Der Entwurf für ein vierzig Meter hohes Denkmal am Ufer des Mississippi, der an dieser Stelle die Grenze zwischen den Bundesstaaten Tennessee und Arkansas bildet, ist bereits in Auftrag gegeben. Die ausschließlich für die Realisation dieses Denkmals gegründete *Memphis Development Foundation* sieht sich aber Schwierigkeiten gegenüber. Sie hat versäumt, die Genehmigung der Stadtverwaltung einzuholen, die ein eigenes Kommitee ins Leben gerufen hat, das Pläne für eine Gedenkstätte ausarbeiten soll. Auch die Zustimmung der für Spendenaktionen zuständigen Finanzbehörde liegt nicht vor. Die für den Bau notwendigen 276 500 Dollar sollen nämlich durch eine Sammlung und den Verkauf von Elvis-Presley-Figürchen aufgebracht werden.

Wenn es im Falle Presley ums Geld geht, ist »Colonel« Parker nicht weit. Er hat nach dem Tod seines Stars die gesamten Rechte für Fabrikation und Verkauf von Presley-Souvenirs der Firma Factors Etc. in Bear, Delaware verkauft. Über das Volumen dieses Geschäfts gibt der Streitwert, der den diversen Klagen und Gegenklagen zugrunde liegt, Aufschluß.

Der von der *Foundation* gegen die Firma Factors angestrengte Prozeß geht um den Betrag von 8,4 Millionen Dollar, die offiziellen Hersteller der Presley-Souvenirs dagegen machen bereits einen Schaden von fünf Millionen Dollar geltend.

Das von der Industrie- und Handelskammer Memphis gegründete Presley-Komitee favorisiert eine Gedenkstätte, die zwei sechzehnstöckige Pyramiden in modernster Glasbauweise vorsieht und ein Hotel, ein Museum, Ton- und Fernsehstudios, eine Konzerthalle und Tagungsräume aufnehmen soll. Dieses Memorial soll ebenfalls nahe am Mississippi, an der Beale Street, entstehen. Geschätzte Baukosten: vierzig bis sechzig Millionen Dollar. J. Kenneth Pfohl, der Vater dieses Gedankens, will die Presley-Pyramiden von einer Gesellschaft erstellen und betreiben lassen, die ohne Profit und kommerzielle Interessen arbeitet. Aber auch gegen dieses Großprojekt hat sich schon eine mächtige Opposition gebildet, zu der dem Vernehmen nach sowohl Vernon Presley als auch sein Partner Parker gehören sollen. Was Parker will, hat er allerdings noch nicht durchblicken lassen. Es gibt von ihm, wie bereits erwähnt, seit dem 18. August 1977 überhaupt keine Statements. Auch hat er noch nicht alle Andenkenaktivisten durch Anwälte und Gerichte stoppen lassen. Da verkauft zum Beispiel der skurrile Millionär Bernard Benson weiterhin sein selbstverfaßtes, 39 Seiten umfassendes Buch *The Minstrel* für 250 Dollar das Stück. Für diesen stolzen Preis wird das in weißes Leder gebundene, mit einer echten Pfauenfeder geschmückte Werk allerdings persönlich durch einen livrierten Chauffeur im Rolls-Royce zugestellt.

Benson, der sein Vermögen mit Erfindungen und Ölgeschäften gemacht hat und ein leidenschaftlicher Anhänger fernöstlicher Philosophien ist, hat sein Schloß in Frankreich samt Familie verlassen und ist nach Memphis übersiedelt. Die Luxusausgabe, die von ihm selbst auch illustriert ist, ließ er nur in einer limitierten Auflage von zweitausend Stück drucken. Erst wenn diese Sammlerobjekte an den Mann gebracht sind, soll eine billigere Volksausgabe folgen.

Weniger exklusiv geht Ed Sey aus Columbus in Ohio vor. Er ist Besitzer und Promoter eines Elvis-Presley-Wanderzirkus'. Seine Ausstellung, die er bereits in Cincinnati, Indianapolis, Atlanta und Louisville gezeigt hat, umfaßt alte Filme, Videobänder alter TV-Auftritte, Hunderte von Fotos, Kleidungsstücke, und als Schmuckstück Elvis' lila Cadillac, Baujahr 1956, den Sey für 979 Dollar gekauft hat und nach eigenen Angaben für fünfundzwanzigtausend Dollar verschönern ließ. So wurden Kühlergrill, Zierleisten und Felgen des Kabriolets mit echtem Gold belegt. »Man hat mir für das Auto schon eine Million geboten«, sagte Sey, »aber ich verkaufe es nicht. Ich kann den Cadillac ausstellen, so lange ich lebe, dann vermache ich ihn meiner Familie. Es ist ein großes Geschäft. Elvis' Fans müssen ihren Schmerz lindern, sein Tod war ein Schock für sie. Und wohin sollen sie gehen?«

Während Benson mitteilte, daß er den Erlös seines Buches wohltätigen Zwecken zur Verfügung stellen werde, so einem Kinderkrankenhaus in Memphis, dem schon Elvis Presley regelmäßig beträchtliche Spenden zukommen ließ und das aus diesem Grund einige Abteilungen nach ihm benannt hat, wirtschaftet Sey in die eigene Tasche.

Wohltätigen Zwecken, nämlich der *United Way Organisation,*

floß der Reinerlös der zwölfseitigen Sonderausgabe der Zeitungen *Memphis Press Scimitar* und *Commercial Appeal* zu. Dieser Sonderdruck, der die Berichte und Kommentare enthielt, die in den vier Tagen zwischen Elvis' Tod und Begräbnis erschienen, fand auch in sozialistischen Ländern Absatz. Insgesamt wurden zehn Pakete mit je fünfzig Exemplaren dank der Unterstützung des US-Außenministeriums von Memphis nach Moskau, Leningrad, Sofia, Prag und anderen großen Städten verschickt und dort unentgeltlich abgegeben. Augenzeugen berichten, daß die Zeitung den Verteilern aus den Händen gerissen wurde und heute schon als unbezahlbar betrachtet wird. Andererseits hatte kurz vor dem Tod Presleys eine sowjetische Zeitschrift eine Breitseite abgeschlossen: »Er ist ohne Erbarmen auf den Müllhaufen der Geschichte geworfen worden, wo alle enden, die aus der Mode gekommen sind. Er hat, zugrunde gerichtet vom eigenen Erfolg, den Sinn des Lebens vergessen.«

Die Herausgeber des Sonderdrucks konnten der *United Way* einen Scheck über fünfundzwanzigtausend Dollar überreichen.

Glänzend im Geschäft ist auch der 31jährige Paul Lichter, Chef des zweihunderttausend Mitglieder zählenden *Elvis Unique Record Clubs, Inc.* in Huntington Valley, Pennsilvania, der Welt größter Versandhändler von Elvis-Platten. Seit 1970 hat er sich exklusiv auf Elvis eingerichtet und energisch seine Kluborganisation aufgebaut. Sein Angebot umfaßt 71 Langspielplatten von RCA (siebzehn davon kosten bereits über zwanzig Dollar), das »Elvis Christmas Album« aus dem Jahre 1957 ist mit zweihundert Dollar veranschlagt, 101 RCA-Singles (vier bis zwölf Dollar), siebzig RCA-Singles aus der »Gold Standard-Serie« (drei Dollar), vierundzwanzig 78er Platten von RCA (dreißig), einige RCA-LPs (zwanzig), die Camden-LPs (zwölf), mehrere LPs von Pickwick (billig für dreieinhalb Dollar) und die fünf Platten von Sun, die zusammen zweihundert Dollar kosten. Außerdem bietet er seltene Promotionsplatten, Importe und diverse Bücher, Magazine, Filme und Souvenirs an. Die Zeitung *Philadelphia Inquirer* schätzt Lichters monatliches Nettoeinkommen auf dreißigtausend Dollar. Dem Journalisten Fred Schruers, der Lichter für die Zeitschrift *Crawdaddy* interviewte, verriet er: »Jedes Schallplattenpreßwerk in Amerika arbeitet für RCA (die das weltweite Presley-Monopol besitzt –d. A.). Wir sind Zeugen eines Phänomens.«

Die Kette der teils rührenden, teils unappetitlichen, der ehrlichen oder lächerlichen Geschäfte, Gerüchte und Gedenkveranstaltungen um den Namen Presley reißt nicht ab. Mütter präsentieren angebliche uneheliche Kinder, verblühte Schönheiten erprahlen sich mit Liebesgeschichten kurze Aufmerksamkeit, Muntermacher wie Tony Marshall versuchen, sich an die weltweite Presley-Welle anzuhängen, und haben wie Ronnie McDowell sogar damit Erfolg. Von seiner *The King Is Gone*-Platte wurden innerhalb einer einzigen Woche allein in USA eineinhalb Millionen Stück verkauft.

Der Presley-Imitator Bill Haney gibt in der Dixon-Meyers Hall in Memphis ein Konzert, dessen Reinerlös für die Krankenhauskosten der kleinen Tammy Baiter verwendet werden. Sie war lebensgefährlich verletzt worden, als ein betrunkener Halbwüchsiger mit seinem Wagen in die Menschenmenge fuhr, die sich nach dem Tod Presleys vor *Graceland Mansion* angesammelt hatte. Zwei junge Frauen kamen damals ums Leben.

Mitte Januar 1978 veröffentlichte die »Berliner Morgenpost« folgende Meldung: »Aus Trauer um sein Idol Elvis Presley nahm sich der Londoner Juwelierlehrling Paul Ashman das Leben. Der 17jährige schluckte Zyankali, das in seiner Lehrwerkstatt zur Reinigung von Schmuck benutzt wird. Drei Monate lang spielte der Elvis-Fan mit dem Selbstmordgedanken, bis er am 10. November zur Tat schritt. Die Hintergründe des Freitodes wurden erst jetzt bei der gerichtlichen Untersuchung bekannt. Ashmans Freundin Susan Riefe (15) gab als Zeugin zu Protokoll: ›Als Elvis starb, brach für ihn die Welt zusammen. Zweimal sagte er zu mir, er wünsche sich eine ebenso große und schöne Beerdigung wie Elvis. Aber ich nahm ihn nicht ernst.‹«

Über den bislang geschmacklosesten Höhepunkt der Nach-Presley-Zeit berichtete BILD am 10. Januar 1978: »Ein Videoband, das bei der Obduktion des Rockidols angeblich gedreht wurde, wird auf dem schwarzen Markt in London für rund siebentausend Mark angeboten. Die ermittelnden Behörden sind noch nicht sicher, ob es echt ist.«

Kaum zu überblicken die Zahl der Ehrungen, Titel und Auszeichnungen, die Presley posthum verliehen wurden. Die Akdademie der *Varietè -und Cabaret-Künstler* wählte ihn zum »Männlichen Star des Jahres«. Die Konkurrenten waren 1977 unter anderen Paul Anka, Sammy Davis jr. und Tony Bennett. Die Veranstalter der *Liberty Bowl,* eines bedeutenden Footballpokals, der jährlich in Memphis ausgespielt wird, verliehen ihm – zum ersten Male in der Geschichte des Wettbewerbs einem Toten – die Ehrenplakette für hervorragende Leistungen.

Mrs. Mary Wells aus Newport in Kentucky sammelt überall im Land Anhänger für ihren Vorschlag, Presleys Geburtstag zum Nationalfeiertag der Vereinigten Staaten zu erklären. Allein während des ersten Januarwochenendes 1978 (am 8. Januar wäre Elvis Presley 43 Jahre alt geworden) unterschrieben in Memphis mehrere tausend Gleichgesinnte ihre Petition an den Senat in Washington. Wie Nachrichtendienste melden, wurden während der posthumen Geburtstagsfeier in einem zur Memorial Hall umfunktionierten Mehrzwecksaal an insgesamt sechzig Ständen dreißig Tonnen Souvenirs verkauft.

»Elvis Presleys Tod beraubt unser Land eines Teils seiner selbst. Seine Musik und seine Pesönlichkeit, das Verschmelzen weißer Volksmusik mit schwarzem Rhythmus und Blues, hat das Gesicht der populären Kultur Amerikas nachhaltig verändert. Sein Einfluß war ungeheuer, er war für die Menschen in aller Welt ein Symbol für die Vitalität, Widerstandsfähigkeit und den guten Humor dieses Landes.« (Präsident James Carter)

»Der Ruhm Elvis Presleys ist eine Ausgeburt des ›amerikanischen Traums‹ vom Erfolg, überschattet durch einen Alptraum schlechten Geschmacks.« (LOOK, 1956)

»Sein Ruhm ist derart unverblaßt, daß wir uns um seinen Nachruhm nicht zu sorgen brauchen.« (Wilfried Wiegand, Frankfurter Allgemeine Zeitung)

»Elvis, du warst Spitze für deine Zeit. Du warst ein King. Von mir aus hättest du gerne noch dicker werden und weiterleben können. Schade, daß du tot bist. Vielleicht hätten wir später mal zusammen das erste Altersheim voller Rock 'n' Roller in Konstantinopel eingeweiht.« (Udo Lindenberg, STERN)

»Er war nicht nur ein Stück Musikgeschichte, er war auch ein Stück Menschheitsgeschichte unserer Tage.« (Hamburger Morgenpost)

»Elvis hat wirklich eine Revolution ausgelöst. Er hatte die Unverschämtheit, und Rock 'n' Roll hatte die Form und den Rhythmus. Amerikas Nachkriegsgeneration stellte ein enormes Potential an Macht, auch wirtschaftlich, das drauf wartete, mobilisiert zu werden. Als Elvis explodierte, waren die Kinder plötzlich keine bloßen Anhängsel amerikanischer Familien mehr.« (Jack Kroll, Newsweek)

»Elvis hat schließlich den Traum seines Landes und eines jeden Menschen wahrgemacht: den Aufstieg aus dem Nichts nur mit eigener Begabung. Er hat, mehr als die Beatles und alle Rock-Recken zusammen, einer Generation rund um den Erdball ein vitales, von Optimismus geprägtes Lebensgefühl gegeben. Das bleibt Presleys Botschaft.« (Reginald Rudorf, Die Welt)

»Er leitete eine Ära in der Unterhaltungsmusik ein. Ein ganzes Heer von Kollegen dieser ganzen Welt lebte jahrelang von ihm, und es erfüllt mich mit melancholischem Stolz, daß ich zwei seiner Lieder auch in meiner Sprache zum Erfolg führen konnte.

Er war ein Künstler, über den man von seinen Kollegen nie ein böses Wort hörte, und das ist selten in unserer Branche.« (Peter Alexander, BILD)

»Er war ein Phänomen, aber weniger ein musikalisches – da sein Rock 'n' Roll nur bekannte Macharten variierte – als ein soziologisches.« (Konrad Schmidt, Ruhr-Nachrichten)

»Obwohl von einem cleveren Manager, ›Colonel‹ Tom Parker, gelenkt, läßt sich seine Karriere zumindest in den frühen Jahren doch nicht nur aus reiner Manipulation erklären. Sein enger Kontakt zu den Fans ermöglichte ihm sogar nach einer langen Auftrittspause während der sechziger Jahre wenigstens zwei spektakuläre und explosive Comebacks: eine Zeiterscheinung, die zur Kulturgeschichte der fünfziger und sechziger Jahre gehört. Der frühe Tod des Elvis Presley dürfte den Kult um seine Person noch verstärken. Ähnlich wie Rudolpho Valentino oder James Dean wird sein Andenken Moden überstehen, weil er mehr als Mode verkörperte, nämlich Zeitsymptomatik.« (Der Tagesspiegel, Berlin)

»Wenn es Elvis nicht gegeben hätte, hätte es auch keine Beatles gegeben.« (John Lennon)

»Seine Legende wird weiterleben wie sein Rock 'n' Roll, der doch so viel mehr war als nur Popmusik, wie man das heutzutage nennt. Er war nicht irgendwer, nicht einer von vielen. Er war der Größte, auch wenn er's nie von sich behauptet hat. ›Wenn Elvis nicht gewesen wäre, dann wären wir auch nicht gewesen‹, sagt John Lennon, Chef der Beatles, der einzigen musikalischen Formation, die Elvis Presleys Plattenumsätze bislang übertroffen hat. Recht hat er.« (Horst Rieck, Abendzeitung München)

»Kein Politiker, kein Sportler, Philosoph oder Techniker hat über Jahre hinweg solch eine Massenpsychose ausgelöst wie der ehemalige Lastwagenfahrer und Elektriker.« (Helmut Kampmann, Rhein-Zeitung)

»Nichts hat seit der Ermordung Kennedys den englisch sprechenden Westen so berührt wie dieser Tod. In seinen Liedern und in seiner äußeren Erscheinungsform verkörperte sich zum ersten Mal der in seinen Folgen noch unabsehbare Überfall des Vital-Ordinären, Dubios-Ungeistigen, Hermaphroditisch-Klassenlosen auf eine primär intellektuell-akademisch privilegierte, männliche, klassenspezifische Zivilisation. Diese hat sich von diesem Überfall, dem alle Formen einer populären (Pop-)Ausdruckswelt folgten, nie mehr erholt, auch wenn einige Feinsinnige das noch immer nicht mitbekommen haben und sich nunmehr mit Feuereifer in einer kulturobservativen Konstruktion von ›Geist‹ laben.« (Frankfurter Allgemeine Zeitung)

»Warum gerade er und nicht ein anderer? Warum hat gerade dieser Presley lebend wie tot einen Rummel entfacht, der alle normalen Reaktionen in den Schatten stellte? Seine Kunstleistung allein genügt nicht, das Geheimnis seines Erfolgs zu erklären. Auch nicht, daß er die Jugend auf seiner Seite hatte, für die er so hemmungslos und besessen agitierte, wie sie für ihn eintrat. Kein Liedermacher oder Sänger der heutigen Szenen, der sich nicht auf die Zuhörerschaft, die Problematik, das Einverständnis der Jugend stützt. Presley hatte das bißchen Mehr, das, was man altmodisch das Gold in der Kehle nannte, das Flair, das eine Heulboje zum Instrument der Verführung zu machen vermag.« (Süddeutsche Zeitung, München)

»Als erster in diesem Ausmaß schaffte der einstige Lastwagenfahrer aus Tennessee durch originär-amerikanische Klänge wie Blues und Gospel mit dem Pop-Publikum in allen Ländern einen beinahe magischen Konsens. Er als einziger konnte im gleichen Konzert für Großeltern und Enkel mit der gleichen Überzeugungskraft fetzenden Rock 'n' Roll, rauhen Blues, Broadway-Schmalz, Kirchenlieder und vaterländische Hymnen singen. Daß er sich nichts Neues mehr einfallen zu lassen brauchte, weil er sämtliche Americana längst im Repertoire hatte und sich seine Platten auch so verkauften, hatte ihn allerdings schon zu Lebzeiten von der Rock-Front auf einen Denkmalsockel entrückt. Nur ein Mann, der zum Bestehenden nein sagen könnte, hat Herman Melville einmal sinngemäß geschrieben, sei wirklich frei – frei auch für Neuerungen in der Musik. Presley indes sagte am Ende fortwährend yes.« (DER SPIEGEL)

»Der weiße Mann hatte immer nach einer Musik gesucht, die ihm das Gefühl gab, den Schwarzen überlegen zu sein. Elvis hatte diese Musik, setzte sie wie eine Angriffswaffe ein und tröstete den weißen Mann damit. Auf diese raffinierte musikalische Art wurde er von seinem Penisneid, den er immer dem schwarzen Mann gegenüber hegte, auf wundersame Weise geheilt. Elvis als Psychotherapeut für eine ganze Nation: Sigmund Freud hätte seine Freud' gehabt.« (Ingo Seiff, Musik Joker)

»Vier Dinge hat Amerika der Welt gegeben: Baseball, Mickey Mouse, Coca-Cola und Elvis Presley.« (Jerry Hopkins, Presley-Biograph)

Wie viele Schallplatten mit Elvis-Presley-Aufnahmen haben Sam S. Phillips' *Sun Records,* die Radio Corporation of America (RCA) und einige RCA-Lizenzfirmen verkauft? Trotz aller im Handel befindlichen Hitlisten und Aufstellungen: eine exakte Information gibt es nicht. Im RCA-Hauptquartier in New York, wo die Umsatzzahlen aus aller Welt gesammelt werden – oder werden müßten –, hat bisher niemand die – zugegeben gigantische – Arbeit in Angriff genommen, festzustellen, wie viele Platteneinheiten, und dies gar nach Titeln aufgeschlüsselt, rund um den Erdball verkauft wurden.

»Goldene« Schallplatten sind ebenfalls keine zuverlässigen Anhaltspunkte, denn erstens wäre zu berücksichtigen, von welchem Land die »Goldenen« verliehen wurden und zweitens nach welchen Gesichtspunkten. Während in Holland eine solche Auszeichnung bereits zu haben ist, wenn von einer Single zweihundertfünfzigtausend Stück verkauft wurden, ist die Grenze in Deutschland fünfhunderttausend und in den USA eine Million. Allerdings – und um es noch ein wenig komplizierter zu machen – auch in Deutschland gab es früher erst für eine Million verkaufter Singles eine Goldscheibe.

Jede Zahl, die bis heute veröffentlicht wurde, auch von den Plattenfirmen selbst, ist eine mehr oder weniger genaue Schätzung. RCA Deutschland vermutet Mitte Januar 1978 einen weltweiten Gesamtumsatz von etwa achthundert Millionen Tonträgern und weiß ziemlich sicher, daß allein in Deutschland nach Elvis' Tod im August 1977 vier Millionen Tonträger verkauft wurden.

Mitte August 1977 wurde in Amerika eine Aufstellung der 55 Titel bekanntgegeben, von denen in USA mehr als eine Million Platten verkauft wurden. Bereits damals aber vermuteten Experten der Industrie, eine genaue Zählung könnte ergeben, daß weitere 27 Platten die Millionengrenze überschritten haben.

Nachfolgend die 55 Superhits, die in den Vereinigten Staaten bis Mitte August 1977 »vergoldet« wurden:

1. Heartbreak Hotel
2. I Was The One
3. I Want You, I Need You,

   I Love You
4. Hound Dog
5. Don't Be Cruel

6. Love Me Tender
7. Any Way You Want Me (That's How I Will Be)
8. Too Much
9. Playing For Keeps
10. All Shook Up
11. That's When Your Heartaches Begin
12. Loving You
13. (Let Me Be Your) Teddy Bear
14. Jailhouse Rock
15. Treat Me Nice
16. Don't
17. I Beg Of You
18. Wear My Ring Around Your Neck
19. Hard Headed Woman
20. I Got Stung
21. It's Now Or Never
22. A Mess Of Blues
23. Are You Lonesome Tonight
24. I Gotta Know
25. Can't Help Falling In Love
26. Rock-A-Hula Baby
27. Return To Sender
28. Where Do You Come From
29. Anything That's Part Of You
30. Good Luck Charm
31. She's Not You
32. (You're The) Devil In Disguise
33. Bossa Nova Baby
34. Stuck On You
35. Little Sister
36. Surrender
37. Viva Las Vegas
38. Kissin' Cousins
39. A Fool Such As I
40. Wooden Heart
41. Crying In The Chapel
42. If I Can Dream
43. In The Ghetto
44. Suspicious Minds
45. Don't Cry, Daddy
46. Kentucky Rain
47. The Wonder Of You
48. I've Lost You
49. You Don't Have To Say You Love Me
50. Blue Suede Shoes
51. Frankie And Johnny
52. Spin Out
53. That's Allright
54. Shake, Rattle And Roll
55. Blue Christmas

Die Presley-Filmographie ist ziemlich exakt zu erstellen. In dieser kompletten Form wird sie erstmals veröffentlicht. Chronologisch geordnet sind folgende Titel verzeichnet:

LOVE ME TENDER
mit Debra Paget, Richard Egan, Robert Middleton, William Campbell und Neville Brand
Regie: Robert D. Webb
Deutscher Titel: Pulverdampf und heiße Lieder

LOVING YOU
mit Lisbeth Scott, Wendell Corey, Dolores Hart, James Gleason
und Ralph Dumke
Regie: Hal Kanter
Deutscher Titel: Gold aus heißer Kehle

JAILHOUSE ROCK
mit Judy Tyler, Dean Jones, Jennifer Holden, Mickey Shaugnessy
und Vaughn Taylor
Regie: Richard Thorpe
Deutscher Titel: Rhythmus hinter Gittern

KING CREOLE
mit Carolyn Jones, Dolores Hart, Dean Jagger, Liliane Monte-
vecchi und Walter Matthau
Regie: Michael Curtiz
Deutscher Titel: Mein Leben ist mein Rhythmus

G. I. BLUES
mit Juliet Prowse
Regie: Norman Taurog
Deutscher Titel: Café Europa

FLAMING STAR
mit Barbara Eden, Dolores Del Rio, Steve Forrest und John
McIntire
Regie: Don Sieger
Deutscher Titel: Flammender Stern

WILD IN THE COUNTRY
mit Hope Lange, Tuesday Weld, Millie Perkins, Rafer Johnson
und John Ireland
Regie: Philip Dunne
Deutscher Titel: Lied des Rebellen

BLUE HAWAII
mit Joan Blackman, Roland Winters, John Archer, Angela Lans-
bury und Nancy Walters
Regie: Norman Taurog
Deutscher Titel: Blaues Hawaii

FOLLOW THAT DREAM
mit Anne Helm, Joanna Moore, Jack Kruschen, Arthur O'Connel
und Simon Oakland
Regie: Gordon Douglas
Deutscher Titel: Ein Sommer in Florida

KID GALLAHAD
mit Gig Young, Lola Albright, Joan Blackman, Charles Bronson
und Ned Glass
Regie: Phil Karlson
Deutscher Titel: Harte Fäuste, heiße Liebe

GIRLS! GIRLS! GIRLS!
mit Stella Stevens, Laurel Goodwin, Jeremy Slate, Guy Lee und
Benson Fong
Regie: Norman Taurog
Deutscher Titel: Girls! Girls! Girls!

IT HAPPENED AT THE WORLD'S FAIR
mit Yvonne Craig, Joan O'Brian, Vicky Tiv und Gary Lockwood.
Regie: Norman Taurog
Deutscher Titel: Ob blond, ob braun

FUN IN ACAPULCO
mit Ursula Andress, Elsa Vardenas und Paul Lukas.
Regie: Richard Thorpe
Deutscher Titel: Acapulco

KISSIN' COUSINS
mit Arthur O'Connel, Glenda Farrell, Jack Albertson, Pam
Austin, Cynthia Pepper und Yvonne Craig.
Regie: Gene Nelson
Deutscher Titel: Die wilden Weiber von Tennessee

VIVA LAS VEGAS
mit Ann-Margret, William Demarest, Nicky Blair und Cesare
Danova
Regie: George Sidney
Deutscher Titel: Tolle Nächte in Las Vegas

ROUSTABOUT
mit Joan Freeman, Leif Erickson, Pat Buttram, Sue Ann Langdon
und Barbara Stanwyck
Regie: John Rich
Deutscher Titel: König der heißen Rhythmen

GIRL HAPPY
mit Shelley Fabares, Gary Crosby, Nita Talbot, Joby Baker, Mary
Ann Mobley, Harold J. Stone und Chris Noel
Regie: Boris Sagal
Deutscher Titel: Kurven-Lilly

TICKLE ME
mit Jocelyne Lane
Regie: Norman Taurog
Deutscher Titel: Cowboy-Melodie

HARUM SCARUM
mit Fran Jeffries, Michael Ansara, Jay Novello, Mary Ann
Mobley und Philip Reed
Regie: Gene Nelson

FRANKIE AND JOHNNY
mit Donna Douglas, Harry Morgan, Sue Ann Langdon und Nancy
Kovack
Regie: Frederick de Cordova
Deutscher Titel: Frankie und Johnny

PARADISE, HAWAIIAN STYLE
mit Suzanna Leigh, Donna Butterworth und James Shigeta
Regie: Michael Morre
Deutscher Titel: Südseeparadies

SPINOUT (CALIFORNIA HOLIDAY)
mit Deborah Walley
Regie: Norman Taurog

EASY COME, EASY GO
mit Elsa Lancaster, Dodie Marshall, Pat Priest, Pat Harrington,

Ship Ward und Frank Mettugh
Regie: John Rich
Deutscher Titel: Seemann ahoi

DOUBLE TROUBLE
mit Annette Day, John Williams und Yvonne Romain
Regie: Norman Taurog

CLAMEBAKE
mit Shelley Fabares, Will Hutchens, Bill Bixby, Gary Merith und
James Gregory
Regie: Arthur H. Nadel

STAY AWAY, JOE
mit Quentin Dean, Burgess Meredith, Joan Blondell, Katy Jurado
und Thomas Gomez
Regie: Peter Tenksbury

SPEEDWAY
mit Nancy Sinatra
Regie: Norman Taurog

LIVE A LITTLE, LOVE A LITTLE
mit Michele Carey, Don Porter, Rudy Vallee, Dick Sargent und
Eddie Hodges
Regie: Norman Taurog

CHARRO!
mit Ina Balin, Victor French, James Almanzar, Barbara Werle
und Solomon Sturges
Regie: Charles Marquis Warren
Deutscher Titel: Charro

THE TROUBLE WITH GIRLS
mit Marilyn Mason, Nicole Jatte, Sheree North und Vincent Price
Regie: Peter Tewksbury

CHANGE OF HABIT
mit Mary Tyler Moore und Jane Elliot
Regie: William Morris

ELVIS: THAT'S THE WAY IT IS
(Elvis' Live-Auftritt im International Hotel, Las Vegas)

ELVIS ON TOUR

Diese beiden letzten Filme mit dokumentarischem Inhalt wurden außerhalb der Vereinigten Staaten, auch in Deutschland, teilweise zu einem einzigen Film zusammengefaßt. In Deutschland lief er unter dem Titel »Elvis: That's The Way It Is«.

Bildquellen:
Associated Press (1), Autor (3), Camera Press Ltd. (1), Deutsche Presse-Agentur (8), Keystone (3), Pictorial Press Ltd. (3), William Speer (1), Transglobe/Transworld (1)

Bitte beachten Sie
die folgenden Seiten

Science-Fiction-Romane im Ullstein Buch

H. BEAM PIPER
Der verschollene
Computer (3167)
Die Welten-Plünderer (3223)
Der Uller-Aufstand (3306)

FLETCHER PRATT
Komet der Verwandlung (3213)

ERIC FRANK RUSSELL
Der Stich der Wespe (2965)
So gut wie tot (3007)
Vergangenheit mal 2 (3055)

JAMES H. SCHMITZ
Dämonenbrut (3022)
Das PSI-Spiel (3061)
Welt im Würgegriff (3110)

RICHARD S. SHAVER
Zauberbann der Venus (2944)
Titans Tochter (3196)

BART SOMERS
Zeitbombe Galaxis (2872)
Welten am Abgrund (2893)

L. SPRAGUE DE CAMP
Der Turm von Zanid (2952)
Der Raub von Zeï (2977)
Die Rettung von Zeï (3000)
Thalia – Gefangene des
Olymp (3038)

ein Ullstein Buch

**L. SPRAGUE DE CAMP /
FLETCHER PRATT**
Im Bann der
Mathe-Magie (3068)

JAMES SUTHERLAND
Signale aus dem Kosmos (3154)

JEFF SUTTON
Sprungbrett ins Weltall (2865)

E. C. TUBB
Freiheit ohne Schranken (3369)

WILSON TUCKER
Die letzten der
Unsterblichen (2959)
Die Unheilbaren (2981)
Geheimwaffe Mensch (3030)
Zeit-Bombe (3140)

JACK VANCE
Planet der Ausgestoßenen
(3256)
Die Stadt der Khasch (3357)
Gestrandet auf Tschai (3467)

MANLY W. WELLMANN
Insel der Tyrannen (2876)
Invasion von der Eiswelt (2898)

JAMES WHITE
Die Weltraum-Mediziner (3331)
Kampf der Weltraum-Mediziner
(3396)

ROBERT MOORE WILLIAMS
Zukunft in falschen
Händen (2882)

Western-Romane im Ullstein Buch

ein Ullstein Buch

Horror-Romane
im Ullstein Buch

CANDACE ARKHAM
Das ewig Böse (3371)

ALICE BRENNAN
Satans Erbin (3300)

PATTY BRISCO
Satans Braut (3098)

ARLENE FITZGERALD
Das Höllentor (3398)
Ketten des Todes (3469)

ELISABETH GRAYSON
Dämonen im Leib (3168)
Der Fluch der Maldonados (3244)

GIMONE HALL
Hexenbalg (3279)

MONIKA HEATH
Alptraum im Schloß (3316)
Schloß der flüsternden Schatten
(3366)
Stimmen des Wahnsinns (3436)

MICHAEL T. HINKEMEYER
Aus dunkler Tiefe (3308)

PATRICIA HAGAN HOWELL
Wind des Bösen (3347)

ein Ullstein Buch

FLORENCE HURD
Schiff des Schreckens (3447)
Stürmische Nächte (3489)

SIMON MAJORS
Der Druiden-Stein (3340)

KAY MARTIN
Satanische Mächte (3391)

KITTY MENDENHALL
Mond des Franzosen (3479)

BLANCHE MOSLER
Botschaft des Schreckens (3333)

HELEN NUELLE
Die Todesgruft von Bally Moran
(3353)

BEATRICE PARKER
Ein Toter ruft an (3287)

BILL PRONZINIS
Horror-Welt (3155)

CLARISSA ROSS
Das Gespenst von Grantmere
(3204)
Insel des Bösen (3224)
Besuch von einem Toten (3237)
Das Gesicht im Spiegel (3262)
Nächtlicher Besucher (3295)
Der Teufel führt Regie (3325)
Todestrommeln (3382)
Fluch der alten Götter (3407)

ROSAMUND RYAN
Tochter der Dämonen (3359)

DOROTHY SPICER
Schatten des schwarzen Turms
(3258)

D. STURM / K. VÖLKER (Hrsg.)
Von denen Vampiren oder
Menschensaugern (3141)

Ullstein Sachbuch

Deutsche und internationale Autoren vermitteln praxisnahes Wissen und erteilen Rat auf den unterschiedlichsten Gebieten des täglichen Lebens. Allgemeinverständlich. Zuverlässig. In Wort und Bild.

George A. Vogenauer
Basteln und Werken 1
(Papier – Holz – Schaumstoff – Schwachstrom)
Ullstein Sachbuch 4085

Basteln und Werken 2
(Elektrotechnik – Tischlerei – Mechanik – Kunststoffe – Gips – Glas – Metall)
Ullstein Sachbuch 4086

Basteln und Werken 3
(Modellbau – Radio – Ton – Foto)
Ullstein Sachbuch 4087

Dr. Ulrich Beer
Beers Elternbuch
Ullstein Sachbuch 4088

Beers Ehebuch
Ullstein Sachbuch 4104

Hans Michael Neher
Keine Angst vorm TÜV
Ullstein Sachbuch 4089

André Rabache
Freude am Aquarium
Ullstein Sachbuch 4090

Blandine Vié
Perfekte Mini-Küche
Ullstein Sachbuch 4091

Josette Lyon
Endlich schlafen wie ein Murmeltier
Ullstein Sachbuch 4092

Einfach schöner werden
Ullstein Sachbuch 4093

ein Ullstein Buch

Ullstein
Sachbuch

Philippe Baumgartner
Praktisches Gedächtnistraining
Ullstein Sachbuch 4094

Martine Freneuil
Besser leben ab sechzig
Ullstein Sachbuch 4095

Claude Tarnaud/Guy Fournié
Filmen wie ein Profi
Ullstein Sachbuch 4096

Fabrice Bardeau
Die Apotheke Gottes
Heilkräuter einst und jetzt –
alphabetisch geordnet
Ullstein Sachbuch 4098

Céline Vence
Grill und offenes Feuer
Rezepte und Gerät für die
Küche im Freien
Ullstein Sachbuch 4099

Pierre Darmon/Jean Couvercelle
Tennis Satz für Satz
Ausrüstung – Technik – Regeln –
Klubs – Alphabet der Fach-
ausdrücke
Ullstein Sachbuch 4100

Diane Armand-Delille/
Marie-Caroline Bourrellis
Patchwork – Das genähte Mosaik
Technik, Muster, Modelle
Ullstein Sachbuch 4101

Wilhelm H. Westphal
Deine tägliche Physik
Neu bearbeitet: Der populäre
Führer durch das Reich der
Physik
Ullstein Sachbuch 4102

Heinz Denckler
Das Puterkochbuch
180 Rezepte für Putenteile und
kalorienarme Festbraten
Ullstein Sachbuch 4103

Eingefrieren von A-Z
Ein Ratgeber für die
moderne Vorratshaltung
Ullstein Sachbuch 4113

ein Ullstein Buch

Margery Sharp

ein Ullstein Buch